与情绪讲和

INTRAPERSONAL COMMUNICATION

郝洁 著

清华大学出版社
北京

内 容 简 介

本书以心理学的研究为基石,围绕27种常见情绪展开梳理。结合当下中国社会的文化和情境,用通俗易懂的方式和案例故事对情绪的内涵、作用、影响和调整方式进行整理分析。情绪的清晰感知和准确识别是一种能力,也可以理解为大家口中的"情商"。聪明且富有灵性的人往往可以通过摸索慢慢学会更好地与他人相处,但常常不会与自己好好相处,从而出现外表八面玲珑、内心痛苦万分的人。希望能以这27种情绪为一个起点,给大家一些启发和思考,使大家突破自己的一些困惑,从而更加勇敢地接受自己、拥抱世界。

图书在版编目(CIP)数据

与情绪讲和 / 郝洁著 . —北京:清华大学出版社,2021.1
ISBN 978-7-302-57144-5

Ⅰ. ①与⋯ Ⅱ. ①郝⋯ Ⅲ. ①情绪－心理学 Ⅳ. ① B842.6

中国版本图书馆 CIP 数据核字 (2020) 第 262093 号

责任编辑:杜　星
封面设计:刘肖男
版式设计:方加青
责任校对:王凤芝
责任印制:杨　艳

出版发行:清华大学出版社
　　　　网　　　址:http://www.tup.com.cn,http://www.wqbook.com
　　　　地　　　址:北京清华大学学研大厦 A 座　　　　邮　　编:100084
　　　　社 总 机:010-62770175　　　　　　　　　　　邮　　购:010-62786544
　　　　投稿与读者服务:010-62776969,c-service@tup.tsinghua.edu.cn
　　　　质 量 反 馈:010-62772015,zhiliang@tup.tsinghua.edu.cn
印 装 者:小森印刷(北京)有限公司
经　　销:全国新华书店
开　　本:170mm×240mm　　　印　　张:15.25　　　字　　数:224 千字
版　　次:2021 年 1 月第 1 版　　印　　次:2021 年 1 月第 1 次印刷
定　　价:79.00 元

产品编号:090752-01

前 言 Preface

人心相同，所以我们的情感相通，情绪和感受也都相似。

人性不同，所以触发情绪的事件和对待情绪的方式不同，并把人变成了不同的样子。

情绪以千姿万态的样貌和方式，精妙地游走在人的生理和心理之间。有人与其博弈一生，互相伤害到你死我活；有人与其相伴一世，互相依偎着甘苦与共。有人借力充盈绚丽的情绪，看见多维度的世界，创造无限人生可能；有人则蹉跎于空虚黯淡的情绪，久久不能自拔。

道理都懂，可为何情绪往往依然难控？

因为我们是人！

情绪有着自己的灵性，是上天赐予的礼物，也是后天可习得的手信。在我的眼里，那些把"得意时淡然、失意时坦然"等对抗人类自然情绪的话天天放在嘴边并当成信仰的人，跟挥刀自宫后还笑着说"不疼，没关系！"的怪物一样。我们不是不懂这些"鸡汤"的本意和深意，但快乐就是快乐，悲伤就是悲伤，何必去过分压抑。浩瀚宇宙中，一个人可以追求的高质量人生只有短短几十年。那么生命的意义是什么？每个人的追求和生活的本质又是什么？与其妄想去操控情绪，不如和解：虔诚地去识别、真挚地去感受、坦然地去尊重。当我们看到一个满脸委屈、泪水在眼眶里打转的人，无论男、女、老、少，可否试着说"哭出来吧！"而不是说"坚强，不哭！"。

传统东方文化似乎一直对个人情绪有着过于苛刻的要求。当信息时代中的国际社会不断更新迭代复杂多元的文化，每一个人的精神世界都经历着不同程度的冲击。人们在快捷便利的科技支持下与更多的人沟通，每天阅览更多的信息、交流更多的情感、处理更多的事情。逐渐地，我们承担着更多的角色，是子女也是父母，是领导也是下属，是朋友也是亲人，是夫妻也是伙伴，是宇宙中心也是尘埃沙粒。每天戴着不同的面具去小心伺候着这些不同的社会角色，而这些期许慢慢形成巨大的压力，像无形的龙卷风席卷着每一个人的内心世界，最终，让人喝酒喝到吐、听歌听到哭。而文化，让我们吞下所有的情绪，并用生硬冰冷的制度残暴地打压着个人的情感。

面对大量复杂且不断囤积叠加的情绪，有人尝试无情，有人选择深情。在极度压抑和极度放纵之间，更多的人徘徊于感性和理性的纠缠中，要么是内心感受跟不上思维的节奏，要么是大脑细胞理不清灵魂深处的麻乱。

◉ 初心

身为一名教育工作者，我心中最好的教育一方面是知识传授、能力培养和价值塑造；另一方面则是启发思想、赋予智慧、摆渡灵魂，让人成为一个更好的人。通过无私地去尝试开拓另一个没有血缘关系的人的潜力，从而独立其精神，使其有魄力和勇气去面对世间无常，从容自信地将有限的生命投入有意义的人生中。因此，我选择"浪费"了很多时间和精力到一些短期看不出成果的事情上，为的就是在那一张张或稚嫩或沧桑的脸上看到如今越来越少见的纯朴情绪，瞬间绽放的笑容蕴含着饱满的信任，稍瞬即逝的微表情中的快乐、兴奋、惊喜、困惑和满足……当然不是无代价，但我相信这"浪费"无价。

抛开职业背景，我关注人们角色面具下的平衡，人际沟通后的自我沟通和情绪管理。有意思的是，太多人口口声声信誓旦旦地喊着管理情绪，可根本分不清，更说不清自己有什么情绪。比如大家常说的"不爽"或"郁闷"，到底是失望、生气、悲伤、厌恶、焦虑、恐惧还是什么。如果长时间拎不清，那么这些消极情绪则会积压，并等待机会反噬。一场没有硝烟的自我战争就此展开，而关口就是初心。

暂把宇宙磁场放一边，我们每一个人都生活在世界大格局的变化中，社会文化的迭代中，家庭、单位和朋友圈的重叠中。我们无法决定历史的走向，也无法改变他人已作出的决策，但完全可以调整自己的情绪，竭尽所能地释放自己的温度，把时间和精力放到真正有意义的事情上去，看别样人生。好的人际沟通让人与人之间有效交流、建立情感，在相互信任的基础上享受精神上碰撞出的火花，给人温暖、启发和大爱。而好的自我沟通让人了解自己，了解每一个状态下的自己，了解每一天新的自己，从根源上体会人间美妙和生命的意义。即便面对不同的职务和身份，顶着数十个不同的社会角色，最终也能永葆一颗童心，不丢掉最真挚的自己。

◉　视角

这本书敬赠给每一个曾经感到过或将要面临彷徨、无助、孤独、迷茫的朋友。当人际沟通无法舒展你灵魂的褶皱，或许这本《与情绪讲和》可以通过了解自己的情绪，拓展自我的宇宙。我想，每一个曾深深仰望过星空的人都有过仗剑走天涯的心，对着真心喜欢的人和事，拍着桌子大喊一声："爱了！"可社会和生活往往要求大家冷静。在人群涌动的社会里，我们都曾期待真挚温暖的怀抱，尤其是在情绪脆弱时。灰暗的世界里，有一个人身上会发光，而对方释放的每一个信息都是生命存在的意义，呼吸和味道也都是重度雾霾里的清新氧气、沙漠中的绿洲。可当沟通成本大到我们宁愿选择被误解，并放手这根救命的稻草时，只能仰仗自己的情绪放自己一马，置之死地而后生地重新活过。

如果说人是自己最大的束缚者，那么这本书围绕情绪，在自我沟通的基底上以新的视角引领你去识别自己的情绪，重新认识自己内心，认识这个世界，从而学会与情绪和谐共处，与世界和谐共处。创新点主要有以下三个方面：首先，尝试使用哲学的本体论视角，从另一个角度去探讨情绪的本质和起源。希望在翻转的视角下，启发大家去思考情绪、身体和理智，以及到头来到底谁控制谁。其次，试图融汇西方知识和东方文化。以2017年美国心理学家艾伦·考恩和达彻尔·凯尔特纳①的论文研究结果为基础，将27类常见情绪融汇至中华文化中，从而让我们更好地拓展识别自己丰富细腻的情绪。最后，试着嵌入艺术元素。在情绪面前，人类语言的苍白一览无余。因此，全书穿插了世界知名画作，希望借用艺术家们的能量去充分表现情绪的力量。

如同人的多面性，这本书尝试结合感性和理性的创作手法，希望展现一个看得见、说得清，感性且科学的多面性情绪。因此，每个细分情绪内容都包含：故事描述，客观分析舒展引导，以及艺术延伸。全书分为四个部分：首先，以深入浅出的方式勾勒出情绪的本性和内涵；其次，以层层递进的形式描述积极情绪的能量；再次，以逐次递减的节奏把凶残的情绪抽丝剥茧；最后，以并列重组的模式把一些难以区分青红皂白的中性情绪逐一展示。

◎ 愿景

苍穹之下，万物有灵，而人是最复杂的一种生物。在纷繁多元的社会中，我们每一个人都在不同的空间扮演着不同的角色：孝顺的子女、慈爱的父母、

---

① COWEN A, KELTNER D. "Self-report captures 27 distinct categories of emotion bridged by continuous gradients", Proceedings of the National Academy of Sciences of the United States of America, 2017.

忠诚的伴侣、明智的领导、高效的下属……一方面，这些责任和期许汇聚交杂在一起形成绑架，让人苟延残喘；另一方面，我们面对的人群和社区又存在契约精神的缺失、知识文化的狭隘、气魄和胆量的匮乏、对法律的轻视和挑衅等问题。情绪的堆砌、挤压和冲突让人无处可逃，不知道什么时候可以将最真实的自己归还于自己，以致可以无拘无束地笑、肆无忌惮地哭、毫无畏惧地表述、自由自在地舒展。

高质量的自我沟通帮助我们拓展精神空间，从而更加坚强、勇敢、快乐、从容地生活。要知道别人不会永远陪着你，但自己永远都会陪着你。而让"一切都是上天最好的安排"和"世界的美好环环相扣"能魔法般发生的，则是自己的情绪精灵。当那些消极情绪和悲伤痛苦悄悄地流入你的血液，毫不费力地侵蚀你的身体时，你要尽可能地去唤醒每一段曾经陪伴你的积极情绪和能量，给你继续安心去走过每一个春夏秋冬的力量。

希望通过解读本书 27 种情绪，为你心灵深处那个常常被遗忘的角落，投入一缕金色的阳光，传入一杯馥郁的芬芳。让所有的积极情绪不再陌生，每天拥簇陪伴在我们身边滋润容颜；让所有的消极情绪都能成为蜕变成长的历程，沉淀我们饱满的人生；让一些不清不楚的感受变得清晰明朗，点亮生活。希望通过对每一种情绪的认识，让你能勇敢地去面对自己，从内心深处接受自己，从而学会善待自己，不让自己受折磨。同时，也能够勇敢地去信任他人，付出真挚的情感，坦然迎接一切变与不变。

郝洁

庚子立冬于北京

致　谢 Acknowledgements

　　要感谢的人很多，有的挂在上扬的嘴角，有的印在舒展的眉梢，有的藏在跳动的心房。和所有的人一样，我深深感谢每一位真诚帮助我的人，包括最亲近的家人，十几二十年不离不弃的朋友，工作中的领导和同事，以及萍水相逢的有缘人。我常常会想，都是第一次做人，都是活一辈子，哪有那么多的义务和应该，所以每一丝一缕的情分，无论对方的身份地位，对我来说都格外珍贵。在此，由衷感谢最近清早就起床帮我熬中药的爸爸，戴着老花镜逛网店帮我挑发卡的妈妈，还有照顾陪伴我生活的先生和孩子。

　　不一一赘述每一个璀璨灵魂打动我的瞬间，以及我们共处时的美好时光。围绕这本书的创作和完成，我感谢可玥和单良在前期给予的坚定鼓励，以及她们常常在我情绪最低落时的陪伴。感谢后期参与材料梳理和讨论的学生和校友，主要有曹文浩、董浩廷、李伊冉、李昀洁、刘展眉、宋佳威、宋柳狄、王振权、熊立铭、杨沄轩、于敬元、张乃蘅、张文虎和周子惟（姓氏首字母排序）。新冠疫情的中后期我们本着共同的兴趣和目标度过了非常有意义的夏天，那两个月，我每周与他们的交流平均都在 20 ～ 30 个小时。最后也感谢对本书整体内容设计提出宝贵建议的朋友们，每一次对话交流的场景都历历在目，眼中的光芒也都证明着思想的碰撞和彼此的启发，由衷感谢！

目 录 Contents

第三部分
消极情绪　蜕变的历程

第一部分

情绪的面目

情绪的温柔和凶残

情绪如同无形的精灵，附随我们一生。它丰富且多变，温柔也凶残，时而活泼可爱，时而温顺乖巧，时而智慧纯良，时而狡猾残酷。无论是古埃及思想崇尚了 3 000 多年的个体是心理和生理的有机体，且没有哪个组成部分比另一个更重要，还是中国明朝思想家王守仁提出的知行合一，我想情绪都是一个不可切分的动态平衡点。人类的情感跨越种族和性别基本相通，而围绕人性的情绪也大致相同，只是不同的性格、不同的教育背景、不同的社会文化和不同的经济条件等因素让有些人对情感和情绪更加敏感，懂得更好地应对和调整，从而避免或降低不必要的伤害。

情绪的清晰感知和准确识别是一种能力，也可以理解为大家口中的"情商"。聪明且富有灵性的人往往可以通过摸索慢慢学会更好地与他人相处，但常常不会与自己好好相处，从而出现外表八面玲珑、内心痛苦万分的人。很简单直白的一个比喻，初入社会的年轻人往往因不太会说话或过于坚持自己片面的立场而在工作中遭受挫折，当这位年轻人在感知到领导和同事们的厌恶又因各种原因无法放弃高薪的工作时，常常会调整自己在人前的行为，并尝试效仿其他比较会讨巧的同事的言行举止。但他的内心已经开始褶皱，并因为不会合理疏解自己的消极情绪而慢慢变得扭曲。

强壮健康的体魄、文明自由的思想和独立坚韧的精神都是上天赐予我们的礼物，三者均有则是得到上天眷顾的。这时的你应该更加勇敢地去分享自己，帮助他人拓展精神文明，贡献这个世界。当下社会中，我们的情绪和感知丰富、细腻且浑厚。很多人往往简单粗暴地把情绪归为喜、怒、哀、乐，顶多是他们自己也说不清的七情六欲。对于很多人，或许是经历了太多不易和沧桑，又或许是深受一些古老思想观念的影响，似乎只会粗暴地自我否认一切识别不了的情绪，任由自己的内心褶皱扭曲。在很多古老的文化中，人们通过祭祀和牺牲去祈求上天的保佑，逐渐养成舍弃自己的一部分去滋养神灵的习性。而每当发生饥荒或洪水等灾难，这些人会归因自己，从而增强自我否认和牺牲去寻找平衡。随着现代文明社会建设，越来越多的人开始关注自己的内心世界，通过思考存在的意义和生命的价值坦然面对自己。但还是有很多人对自己丰富的情绪惶恐不安、不知所措，导致在这快速变化且多元的现代社会中，那些自然且充足饱满的情感无处安放，强压后的脆弱思绪无处舒展，即便被拥簇在权力和人群的中心，依然有挥之不去足以把人侵蚀的孤独感。

◉ 1.1　情绪的本质与内涵能量

情绪往往与事件相关，在一个人成长的文化习俗下刺激他的感受，从而驱使一些行为的发生。换句话说，从出生的第一声啼哭开始，我们在很大程度上就被无形的文化教育应该如何去感受，什么情况下应该感到高兴，什么情况下应该感到悲愤。这些后天习得的感受行为积压在人们本能上，根据不同人的不同先天个性和后天教育成长经历，形成感知对应情绪的能力。所以，即便同样级别的悲愤，对于两个不同文化背景的人来说，处理方式也会不一样。情绪感知和应对能力低的人更容易被外界事物操控影响，他们会因为一些表层的低级小满足开怀大笑，高兴到不行，也会因为一些可有可无的东西悲伤欲绝，从而被情绪吞噬，伤害自己和他人。

"与情绪讲和"是一种比喻的说法，也是一种哲学理念。就好像当我们认为我们学习知识然后去掌控这个世界时，又可曾想过我们其实已被一种知识体系占据控制，并由它支配我们的行为和人生呢？情绪看不见、摸不着，游走于心理和生理之间。它可以始于感受从而影响行为，也可以通过行为去调控感受。面对无法识别或不熟悉的情绪，人们往往会用自己过往的文化认知去抗拒它，或因不知道该如何处理而忽视打压它。当自认为完胜并控制了情绪，从容保持着别人眼中完美形象的时候，这时你可以想象自己内心深处有一只暂时被打败的小狮子拖着屈辱的身躯回到意识深处的洞穴，邪恶的眼神里全是强大力量和战斗的欲望，迫不及待地等着下一次对你更加强烈狂暴的反击。这种反击可能是完全控制不住对食物或酒精的摄取，也可能是因为芝麻大点破事儿而失态地愤怒发火；可能是伤害他人，也可能是意志消沉郁郁寡欢后逐渐失去对生命向往的自残。

情绪似乎有着无穷的魔幻能量。那些被滋养的情绪智慧有趣，不失温顺柔软且具有汇集运气的魔法，让肉体和精神健康饱满，给人坦然面对一切的自信和力量，从而坚强且温柔地迎接所有无常世事，让人生丰盈立体自带光芒。长期被压抑和粗暴对待的情绪像一头藏在内心的野兽，甚至是在某个时机里变成可以生吞活剥你的禽兽。那时千万不要去和它较劲，赢了，比禽兽还禽兽；输了，连禽兽都不如；平手，也就和禽兽差不多。

◉ 1.2 女人和情绪

情绪的感知和应对因人而异，涉及个人性格、所受教育、成长文化、健康状态、经历经验、家庭影响、经济条件、工作或专业的浸染、社会环境等。这每一个因素都是强大且独立的变量，因此完全不必过多注重某一因素而忽视其他因素的能量。举例来说，或敏感或开朗的性格让人感受情绪的不同广度和深度，或高或低的学历仅区分客观分析的能力。这些因素的独特组合把人划分为不同群体，而情绪又进一步通过互动把人雕刻出不同的样子。因此，同样的事情在不同人面前会触发不同的情绪，即便一个能触发同类情绪的事件，它的强度和持续时间也因个人因素而不同，从而会进一步出现不同的情绪叠加和心理感受。

性别在情绪面前是一个独特的个人因素。并不是说男性和女性对情绪感知有多大差别，毕竟人性是相通的，但教育和文化却为不同性别的人贴上了不同的标签。相对于男性，女性整体的社会角色在农耕社会和信息化社会里有着翻天覆地的变化，她们在有能力去创造更大价值的同时也受困于各种矛盾的理念。多元的文化和不均衡的社会环境让太多太多的人迷失在传统和现代的冲突中，让触手可及的自由之思想和独立之人格似乎又缥缈虚无。与此同时，男性其实也受到一系列的影响，承受着更大的挑战和困惑。回到本质上，这些固化的理念、要求和束缚对所有人都不公平。因为都是第一次做人，第一次经历三十而立、四十而不惑、五十而知天命，没有哪一条法律规定男性和女性该如何不同地感知应对情绪，只要是努力真诚的体会和付出都值得尊重。

　　识别情绪并与之和谐共处对于当代女性来说尤为重要。女人往往有着敏锐、细腻的情感，同时有着不可思议的坚韧和能量。她们聪慧、坚强、温软，既是百炼钢，亦是绕指柔。因此上天赋予了她们繁衍后代的能力，但值得注意的是，并没有剥夺她们的社会生产力。当然，在涉猎、农耕甚至战争时期，女人的体能给她们带来巨大挑战，慢慢地，古老的环境和文化理念让很多纤细瘦小的女性放弃自己的生产力，依附家族和男人，获取赡养。不过，在生理和心理层面上，是否参与社会生产和生产力的大小存在质的区别。选择依附，无论完全放弃工作或撞钟式地工作，都会让女性逐渐失去作为一个独立生物的生存能力。在现代社会的大都市里，随着信息化发展和性别平等概念的普及，越来越多的女性重回社会，拥有更多的市场价值，体会人生成长追逐自我价值的过程，享受生命中自由绽放的每一个时刻。当中国女性参与工作的比例与男性几乎相同的时候，一些传统理念依然牵绊着人们的思想，"干得好不如嫁得好"还是深深地禁锢着很多女性；还有很多男性，反复在压抑、道德、责任中痛苦轮回。

　　因此，一段亲密关系或婚姻对男人或女人的整体情绪和认知影响都是翻天覆地的存在，只是形式不一样，但对女人的冲击更大。受困于浅层理解传统的"女主内，男主外"和现代的"男女平等"理念，很多女性在情感不能独立自主的同时，常常对伴侣有着不理性的要求和索取。慢慢地，从同心合意到同床异梦、同室操戈、同归于尽。情侣从最初的倾心交谈沦为平淡，再因情绪的失控导致情感上的反目成仇，最后到行为上互相伤害的例子比比皆是。

　　当下的电视屏荧幕上和生活中还在依然不断传递着愚蠢的女性形象，或彪悍或脆弱，或无知或狭隘。这些对女性深入骨髓的无知和轻视让很多人包括女性自己，对自己妄自菲薄。由于精神和情感上不能独立自主，即便有了伴侣也不能真正享受伴侣所赋予的应有的高度和美好。混乱的社会责任认知和各方面的压力影响让很多女性无法辨识自己丰富细腻的情绪，从而折磨自己、折磨他人。因此，面对更加多元自由的社会，更好地识别情绪并合理疏导能让更多人有机会去意识自己的呼吸、爱护自己的身体，体会成功和贡献社会带给自己的快乐，学会厘清社会中情、理、法的关系，重拾本性应该拥有的魅力和魄力。

识别情绪并找到适合自己的处理方式其实也就是学会不和自己较劲，不过分被外界的人或事牵制，简单来说，与内在情绪讲和也就是与世界和解。

◎ 1.3 情绪的色彩

情绪很大程度上反映了一个人的内心世界，多彩或灰黑、绚丽或黯淡、明亮或幽暗。颜色有着多样的色相、明度和饱和度的特性，并可以通过基本色调和特性，搭配成千上万种颜色。情绪也有着多样的种类，不同情绪有着独立的特征、特点、明度、饱满度，也可以通过多样的组合叠加变得千姿万态。情绪不动声色地改变人的样貌、生活和命运。

佛经《觉林菩萨偈》中所说的"……心中无彩画，彩画中无心，然不离于心，有彩画可得。彼心恒不住，无量难思议，示现一切色，各各不相知。譬如工画师，不能知自心，而由心故画，诸法性如是。心如工画师，能画诸世间，五蕴悉从生，无法而不造。……"大概阐述了人的心好像工画师，能画出一切世间的境界。无论山河大地的水墨或色彩斑斓的现代抽象艺术，都能画出来。色受想行识五蕴也都从心所生，如同画画，先有五蕴的色法，然后生出种种画法，所以说无法而不造。

有些人的眼神中闪烁着彩色的内心，投射出温暖、柔软、纯粹、明亮、幸福，即便遭受挫折也是充满阳光的。有些人双眼无神暗淡，映射着隐藏不住的冷漠、市侩、较真、幽暗，即便表面快乐，内心也是悲惨的。这些无关财富、学历、家庭背景，单单是人的内心，让人感受到活出自己想要的样子。而并非普罗大众追求的所谓的光鲜亮丽、名利双收、坐拥财富，拼了命也要活成别人眼中理想的人生。那些眼神中的苍白、无力、空洞和孤独是遮不住的。因此，尝试善待情绪，画出彩色的人生。

贝壳花（Shellflower）

作者：李·克拉斯纳（Lee Krasner, 1908—1984）

年代：1947 年

尺寸：468cm x 557cm

材质：布面油画

藏地：私人收藏，纽约

第
2
章

不为彼岸只为海——27 种情绪

生活不易，所以有人会问：究竟是什么样的终点才配得上这一路的颠沛流离？于是很多人为了早日达到理想的彼岸每天忙忙碌碌，忙到没有时间去意识自己的呼吸、体会不到这种身体和大自然的交互过程、闻不到路边的花香、听不出鸟叫、看不见对自己没利的人或物、领悟不了过程中纯粹的风景和简单的情绪。

我们每一天都会经历很多决策和取舍，这些抉择无论复杂或简单、为公或为私，其核心轴或许都离不开封闭型或开放型思维，以及理性或感性。封闭型思维让人们只会在设定的电路板里日复一日地来回绕，而开放型思维让我们豁达大度、不断成长地去包容多元复杂的人和事。理性让我们知道选择的利弊和现有法律体系规则中的正确和错误，感性让我们跟随内心不屑一顾地一错又错。一味地追求终点和结果只会让有限开发的智力和情感错乱，快速的社会节奏更使他们应接不暇，平添迷茫和纠结。网上曾看到杨绛先生回复一个年轻人的话："你的问题主要在于读书不多而想得太多"，想必也包含了封闭型思维和认知跟不上感性躁动的心绪的意思。这句话里的"书"应该不是特指某一类知识，毕竟书是读不完的，而知识也探索不尽，更多应该是指"知"而不全，"知"其然不知其所以然。

多少人理想飘云端，双脚陷泥潭。仔细想想，其实不是高处不胜寒，而是自己的见识、思维和情感空间太狭隘了，用时髦的话说就是觉悟"low"了点。天天想着虚负凌云万丈才，遗憾没能解放世界，却不知自己在现实生活中的耳聋眼瞎，连自己的真实情绪和感受都不敢面对。

无论是颠沛流离的一生，还是无限可能的每一天，或许与情绪讲和、回归初心、领略四季风景而不枉此生就是最终的目的。若岁月静好，那就闻花香听鸟叫颐养身心；若时光阴暗，那就多看书少折腾蓄势待发。生命中最困惑的，不是没人懂你，而是你不懂自己。拎着垃圾的双手无法去接受新的礼物，所以没有放弃就不会有拥有，守不住寂寞又岂能体会浩瀚无垠的宇宙。

◉ 2.1　27 种情绪及力量

情绪看不见、摸不着，似乎介乎于生理和心理之间。一方面，认知可以影响情绪从而影响我们的身体和状态；另一方面，我们也可以通过调整自己的行为去改变情绪从而调整心理状态。如同月亮有它的阴晴圆缺，情绪也有饱满和低沉、积极与消极。所有的快乐、倾慕、浪漫和敬佩情绪丰盈我们的美好；所有的悲伤、痛苦、愤怒和恐惧情绪拓展我们的深度；所有的困惑、渴望、兴奋和着迷情绪圆满我们做人的本性。

相对于含蓄的东方文化，西方社会更善于把所有东西说清楚、讲明白。对于人的心理、行为和情感，西方的社会科学学科也延续着把每一点都掰开了揉碎了弄清楚的风格，从而把喜、怒、哀、乐等基本情绪分为上百种情绪和情感，并逐一分析属性、作用、对人的影响和应对方式。这里，我以 2017 年美国《国家科学院学报》中艾伦·考恩（Alan Cowen）和达彻尔·凯尔特纳（Dacher Keltner）发表的一篇论文研究结果为基础，就当下社会中人们常见的 27 种情绪展开梳理。

当然，人的情感丰富多彩，情绪也是千姿万态。学术界不同流派的争论和苍白的文字或许很难完全说道清楚，因为情感世界是一个人的内在感受，而沟通表述是一个外在行为。先不说不同的教育背景、成长文化等因素强烈影响一个人对情绪的认知和表述，就这 27 个英文词翻译成恰当的中文名称都足够费劲。不仅仅是中英文字上转换的困难，更多的是如何恰如其分通俗又不失科学地让读者看明白，从而达到共情和交流的效果。毕竟东方文化相对而言更善于"喜怒不形于色"，且不善于坦诚地交流讨论情绪问题。作者通过梳理查阅中西方的现有关于心理学和行为学的文献，充分把握这些情绪词汇的本意，对照已发表的中文科学论文词汇用语，再结合当下中国社会的文化和情境整理出下面这套类别条目。希望能以这 27 种情绪为一个起点，给大家一些启发和思考，从而更加勇敢地接受自己、拥抱世界。

◎ 2.2 27 种情绪类别概述

1. 钦佩（admiration）：发自内心地认同、尊重和敬仰感，往往对他人优秀的能力、成就、美德由衷地佩服。

2. 倾慕（adoration）：极大的钟情和喜爱，欢喜愉悦，愿意去真挚地贡献、关爱和关照。

3. 审美欣赏（aesthetic appreciation）：往往对音乐、文学、舞蹈等艺术品或美好事物由衷地赏识和钦佩，伴有惊叹、平静和奇妙的感受。

4. 逗乐（amusement）：因为幽默的娱乐或消遣被逗笑而感到开心和身心放松。

5. 愤怒（anger）：强烈地气愤和不悦，往往带有对立意识和敌意。

6. 焦虑（anxiety）：经常因疑惑、害怕和不安引起的强烈紧张和忧虑。

7. 惊叹（awe）：往往是因权威、神圣或崇高壮丽而激发的赞叹、敬畏和惊奇感。

8. 尴尬（awkwardness）：难为情的窘迫感，通常出现在自己或他人的言行与所在场所或时间点不匹配，且不符合彼此的文化期待产生的笨拙难堪感。

9. 厌倦（boredom）：由于缺乏兴趣、毫无新鲜感和乐趣而产生的倦怠感。

10. 平静（calmness）：内心的安定和从容，不因外在事物扰动的心境和稳定的安详。

11. 困惑（confusion）：通常因新的信息或事件无法被接收理解，或与原有认知有冲突而形成的迷茫。

12. 渴求（craving）：往往指对某种饮食有强烈迫切的需求和饥饿感。

13. 厌恶（disgust）：让人失去兴趣与任何意图的恶心和极度反感。

14. 疼痛共情（empathic pain）：通过感知他人的痛苦情绪而诱发的共情痛苦感受。

15. 着迷（entrancement）：不由自主地被某人或事吸引，一种充满奇迹和魔力的内在兴趣。

16. 兴奋（excitement）：令人激动且肾上腺素激升的振奋感，通常受事件、人、物而刺激唤起。

17. 害怕（fear）：畏惧和恐慌感，往往因意识或预见难以规避的危险而产生的惶恐和忧虑。

18. 恐惧（horror）：强烈的恐怖和沮丧感，以及极度的害怕和恐慌。

19. 兴趣（interest）：对人或事产生的特别关注，具有吸引力，让人感到有趣、有意思。

20. 快乐（joy）：愉快和幸福，往往因安乐、成功、幸福或拥有自己期盼的前景而唤起的愉悦感。

21. 怀旧（nostalgia）：对过去情境里的人、事、物等的追忆怀念，因一些东西或事物引发的联想。

22. 释然（relief）：从压抑、痛苦和烦恼中释怀，或避免某种不良后果产生的轻松和愉悦。

23. 浪漫（romance）：罗曼蒂克的情爱感，情感的吸引，往往具有诗意和奇幻的氛围，富有骑士精神的冒险。

24. 悲伤（sadness）：伤心、忧虑、不幸、不快或痛苦引起或表现的感受。

25. 满足（satisfaction）：享受的一种来源，富有深刻的敬佩好感，需要或欲望的实现感，意想不到的惊叹感。

26. 性欲（sexual desire）：被激发、刺激的性唤起和兴奋感，对性对象、行为或愿望幻想的兴趣和动机状态。

27. 惊讶（surprise）：意想不到的惊诧和惊奇感受，往往因突发性或者非常见事件而触发。

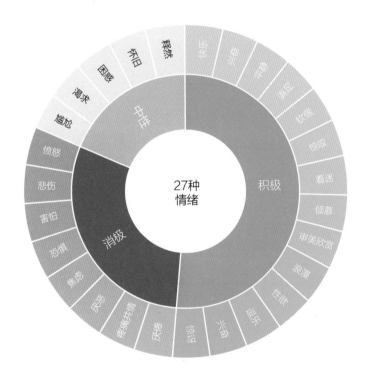

第二部分

积极情绪　能量的秘密

朝夕之间

快乐是一种情绪，也是一种能力和姿态。怎么过都是 24 小时的一天，青春和人生都没那么长。那就从我们睁开眼睛的那一刻开始去意识自己的存在，捕捉正面的事情获取力量，而不是花光所有力气去消耗自己。

我们每一天的朝夕，是无数人祈祷的明天和未来；看到的一切是很多人渴望的光明；健壮的肢体和繁荣发展的社会也是万千人期盼的样子。每天的积极情绪可以很简单，去见喜欢的人，去做有意思的事，无论成败去体验追逐梦想的过程，去感受内心的平静和满足。简单本身也很难，难在需要在纷繁复杂的世界控制自己的欲望，在自我感觉良好的时候告诉自己不要成为迷之自信的傻瓜。在不饿的情况下不吃，在不缺的情况下不要。回归最质朴的状态，找到自然常态的积极情绪。

这一章，我们来认识"快乐"的本质和"兴趣"的起源，让这两种可以融入我们每一个朝夕之间的积极能量发出它们的光和热。通过了解它们也深入了解自己，从而更好地协调整合自己的身体、思绪和感受，学会去意识、去启动这几种基本的积极情绪。当我们每一天都以最好的状态去迎接生活，生活也将对我们温柔以待。

◎ 3.1　快乐·喜上眉梢

　　清晨醒来，不等惺忪的眼睛缓个神儿，李伊雯便裹上白色真丝睡袍去看看这两天跟姥姥睡的小不点儿怎么样了。刚走出卧室，就看见30平方米精致装修的客厅中央有一坨纵向蠕动的小肉肉，憋着通红的小脸，扶着旁边比她高半截的茶几努力尝试站起来。右侧的嘴角似乎还挂着清沥的哈喇子和一股说不出的复杂情绪，有好奇，有玩乐，有坚毅，有倔强，有不服，还有惊喜。李伊雯远远地站在一边看着，这时妈妈从厨房端着一碗苹果水往客厅这边走来，边走边说："乖妮，别动啊，姥姥来啦……"伊雯的眼里充满了闪亮的光，不像电视剧里妈妈看着刚能站起来的孩子激动得死去活来的样子，但她的面容也随着11个月大的女儿站起来后的那蹒跚的两步，从惊讶、担心、紧张到瞬间绽放出柔和欣慰的笑容。

　　快乐是人类最朴素、最基本的一种情绪，也是组成其他复杂与广罗情绪的常见组成部分。它可以是学生时迈过高考的痛快，是职场上项目顺利的舒心，是家庭中几代和睦的温暖，是年暮时还能跑几步的欣然……更概括地说，快乐是就算身处逆境也能保持前进和微笑的力量。

　　快乐的源泉多种多样，升职涨薪可以带来快乐，看海听歌也能带来快乐；循规蹈矩的安稳可以带来快乐，突破创新的蜕变也可以带来快乐；家人的健康和睦是快乐，朋友的情比金坚也是快乐……世界万物、男女老少皆可是快乐的主题。随着社会节奏的变快、欲望的膨胀，文化中逐渐充斥着更多变了味儿的快乐追求。当我们都希望自己能快乐的时候，很多人受一些片面文化教育的束缚而活在别人的眼中，并不知道什么才是自己真正纯粹的快乐。所以会有人说："如果快乐太难，那么我祝你健康！"

掰开了揉碎了去了解快乐本身的目的，是去看清它真正的样子，并找到长期与它相处的状态，从而让自己能更好地享受快乐，成为一个发自内心积极向上的人。进一步来说，只有自己真心真诚地快乐，身边的人才会随之坦然地迎接喜悦。因为，在这个智商过剩的时代，走心真诚地付出是唯一的技巧。没完没了周而复始地打着"委屈自己成全别人"的牌，只会触发他人心底的反感和抵触。因为对于一个心智健康的人来说，即便得到了所谓牺牲他人利益的快乐，内心深处的喜悦感也失去了它原有的美丽和光泽，甚至是种侮辱。我们幸运地生活在和平发展的年代，信息的变革和多元的世界可以托起大家共赢的理念。

面具下的情绪精灵

抓住快乐的核心，在明白了我们为什么快乐后，宛如旅行中拿到了地图，余下的只是循着地图努力向目的地前进。快乐产生的路径可以兵分两路地去建立摸索，一方面从情绪角度出发，另一方面从生理角度出发。当经历一些触发事件（triggering event），我们将根据自己对快乐的认知在体内并行酝酿出快乐的情绪和系列生理反应，制造出快乐。这里提到的触发事件可以是现实物品，如收到一份礼物，吃到好吃的食物；也可以是无形触动，如听到欢快的音乐，看见喜欢的人；还可以是认知的变化，如读到启发性的文字，获悉令人振奋的信息。

从情绪出发的快乐产生路径往往迅速宽广，基本过程也很简单。即一个触发事件，给予情绪主体直接或间接的快乐刺激，从而激发快乐情绪，就好像上面提到的形式。间接刺激是指一个事件先触发其他情绪，如惊讶或紧张等，再激发快乐，就好像开篇中的李伊雯看孩子努力站起来走路的情境。概括地说，快乐源于自身的需求和期待被满足。而具体地说，快乐源于一种肯定。相对于别人对自己的外在肯定，自我发自内心且恰到好处的肯定和快乐更加宝贵。这种不偏不倚的笃定和自信为快乐提供了深层次的情感支撑，绝非是看个热闹或嬉笑耍乐所能代替的。情绪产生的快乐脱胎于幸福、满足、自信，同时也反哺这些积极心态，帮助正向循环。

从生理触发的快乐产生路径相对来说更"有迹可循"。基于实体的理化物质和反应，生理产生的快乐在科学性上显得更可把控，所推导出制造快乐的方法也更明确。对身体来说，快乐情绪的触发点是几个特定的电信号和神经递质，如多巴胺、血清素等。触发事件对情绪人这个主体施加刺激，大脑将分泌这类神经递质，进而产生"快乐的电信号"。与此同时，往往还有触发人体的循环系统、自主神经系统等生理反应，形成脸红心跳、呼吸舒畅等快乐的生理表现。这也是为什么很多人说，不快乐就去奔跑吧。

情绪舒展

快乐作为一种情绪体验总是显得短暂，但作为一种状态却可以长期培养保持，让人整体处于一个快乐氛围，有一张自己和别人都愿意多看两眼的容颜。这里有三个基本训练方法或许能够帮助我们培养快乐的情绪。

首先是使用"积极思维"，提高对快乐的感知力。这个过程中需要学会平衡降低风险厌恶，不把任何拥有认为理所当然。通俗地理解就是去推翻"失去一块钱的痛苦大于得到一块钱的快乐"的情绪特征。更生活化的说法就是，人们倾向于更敏感地感知痛苦，因此需要主观引导强调、刻意培养自身对已拥有事物的感知力。简单地说，就是多思考自己拥有的、多感知身边的幸福，因为很多快乐的触发事件都因为我们的习以为常而淡化了，我们要做的是尽可能地重新发现它、感知它，从而为自己带来快乐。言语方面尽可能地用积极表述法来沟通交流，即"这里有半杯满水"代替"这杯子空了一半"；或者"我认为你这项工作完成得好的地方是……可以继续探索或做得更好的地方是……"。

其次则是提升选择的自由。这一过程涉及"自由意志"，简单地说就是，与其让自己在不能做什么的盒子里打滚，不如把自己扔进我能做什么的天地里去选择。举例，当一块骨头掷出，小狗会条件反射地随它飞奔出去；人被棍子打了一下，也会本能地叫骂出来。自由意志是将外界刺激和情绪主体分开，这个能力在东方文化中往往潜移默化地被很多人掌控，简单来说就是人们口中的"喜怒不形于色"。当人们有这一选择的自由和能力时，可以尝试好好利用。最终伤害我们的往往并非外界刺激本身，而是我们对它的反应。通俗地说，怎么过都是一天，尽可能地善良和快乐是种选择。在思维的基础上，言语方面可采用："这个方案不错，另一种可行性是……优势是……"或者"我们可以尝试一下……好不好？这样大家都会很开心。"

最后就是增强身体素质。多运动常锻炼，从每周三次，每次半小时开始。当你整体状态不好的时候，尝试用这种简单粗暴的方式，帮自己找到快乐的情绪和面红心跳的感受。

情绪的侧画像

MBA 的全国统考终于结束了，今天出成绩。

"我去，我去，别让张经理跑了，我午餐后去送这份材料吧。"伊雯一天都没心思专心工作，如坐针毡一般地在公司里忙来忙去，干着与自己八竿子打不着的事儿，似乎这样时间能过得快一些。一如十年前高考出成绩那会儿的感受，她对这次申报清华并不抱太大希望，毕竟几乎是裸考，加上怀孕，状态又不是很好。哎～或许告诉自己不要去期望会更好受一些，毕竟这样就不会有失望。

"咦～你怎么来了？"刚下楼的伊雯在大厅惊讶地看着眼前的男人。

"有位同学今天等成绩，我提前带她去庆祝一下。"老公笑眯眯地逗着她。

"什么嘛！别闹了。"

"走，三里屯北区又开了家新馆子，咱们去撮一顿，然后转转，那边挺漂亮的。"

"不行，我还要送份材料呢。"伊雯翻了个白眼。

"走吧！吃一顿，咱们稍微逛逛，开运！"说罢老公便拉着半信半疑的伊雯走出楼宇大厅。

下了车，穿过露天广场，他们走进一家西餐厅。扑鼻的花香和淡淡的咖啡香将伊雯包围，背景音乐悠扬地传了过来，几个桌边的客人也都有说有笑地聊着天。她侧头看着拉着自己手往前走的男人："谢谢你带我出来，我很开心。"甜美的笑容在她脸上随之绽开。

快乐很简单，如同《煎饼磨坊的舞会》中描绘的在巴黎蒙马特举行的露天舞会那样。光与影、明与暗的和谐组合构成摇曳多姿的画面，由近及远的形体铺陈产生多层次的空间节奏。阳光透过树叶形成跳跃的光斑，人们相聚相依，闲聊、歌唱、跳舞、嬉戏，热闹非凡，快乐无比。

快乐很难，如同纷繁世界里被混乱节奏带得不能停下的你，即便在明媚的阳光下也看不到绿草发芽象征的新生命、听不出餐厅背景音乐的旋律和意义、闻不到路边淡淡的花香、感受不到人与人之间本应有的纯粹和真诚。

煎饼磨坊的舞会 （Dance at the Moulin de la Galette）

作者：皮埃尔·奥古斯特·雷诺阿（Pierre—Auguste Renoir, 1841—1919）

年代：1876 年

尺寸：131cm x 175cm

材质：布面油画

藏地：法国巴黎奥赛美术馆

◉ 3.2　兴趣·乐在其中

10月底的北京秋高气爽，几丝入骨的凉意彰显着帝都的态度。晚上7点多的北四环车水马龙，奥运村的一家讲究的日式餐厅里静静地坐着两位精致漂亮的女人。两人从形态上差不太多，妙曼饱满，从进店到落座，步伐轻盈、优雅、大方。但餐桌左侧的女人似乎多了一分沉稳，白皙细嫩的皮肤下好像压着些许风霜，眼里闪烁的光似乎也带着故事。

她饶有兴致地看着眼前比自己小16岁的女孩，几杯清酒下肚，餐桌对面那张粉嫩的脸庞显得更加红润。对于每天都应对着数不清的大小事务的伊雯，39年的岁月没太为难她，不过虽然偏爱地为她保留着雪肤花貌的容颜，但也不再允许她肆意挥霍自己的时间和精力。善于搪塞拒绝各种邀请的她，昨天却爽快地答应这个20出头的小姑娘的邀请，如约来到这家精致的餐厅，她非常好奇这个安静中透着古灵精怪的台湾女孩在北京的境遇，女孩稚嫩饱满的皮肤下似乎藏着一个深寂古老的灵魂，有着说不完的故事和猜不到的观点及想法。

不同于快乐端庄大方的美，"趣"灵巧活泼，聪颖中带着调皮，紧抓人的心脏，是一种妙不可言的动机。一个有趣的灵魂到底多美不好描述，但它往往拥有童趣、乐趣、风趣、知趣、情趣、理趣、谐趣、识趣、闲趣、妙趣、生趣、雅趣……可以说"有趣"的人或事不仅让人赏心悦目、心旷神怡，也有清爽的早上看到晨星般的灵犀。兴趣是一种主体注意力被人、事、物占据，且渴望更多正面反馈、更深层次接触的情绪状态。

"兴趣"往往被当成一个名词，被人们片面地理解为运动或音乐爱好，并常常和先天因素挂钩。作为一种意识倾向和内心需求，大部分兴趣都是在社会生活和文化中促生而成。它激发人去寻求某种事物、探索从事某种活动，或了解某个人。没有培养不出来的兴趣，只有搭配不对的培养方式、经济条件、价值取向、人生阶段、阶层背景。

在先进科技的驱使下，不同的社会文化似乎越来越同质化，但一些多元的文化也越来越丰富。一些人简单地去复制漂亮的皮囊，另一些人还想着丰盈有趣的灵魂。毕竟漂亮躯壳终将化为风中秉烛，能给人披上霞光的莫过于一颗有趣的心灵。有人说众里寻他千百度，心有灵犀的那位始终无影无踪。人有人趣、物有物趣、天有天趣，一旦心里存趣，到处都可以是那灯火阑珊处。

面具下的情绪精灵

兴趣的形成过程涉及很多因素，比较重要的是经济基础、知识含量、价值观和正面反馈。经济条件和知识的丰寡决定你"能不能"直挂云帆济沧海，价值观的契合决定你"愿不愿"横眉冷对千夫指，而及时的正面反馈决定你"会不会"在漫漫长路中上下求索。兴趣大致可以分为情况型兴趣和独立型兴趣。两者单独存在，但也可以互相刺激依存。

- **情况型兴趣**：一般时间短，发生得突然，具有外生性，例如日常生活中偶尔出现的有趣的视频、有趣对话、奇人奇事等。这些都能够勾起人一时的注意力，于是会想知道更多、想弄清楚事情的来龙去脉等。但整体来说，这些兴趣往往都是生命中的匆匆过客，过去就过去了。

- **独立型兴趣**：顾名思义就是独立于外生因素，在长期、持续的循循善诱下成为内生的原动力。因此，情况型兴趣也可以是独立型兴趣的引子。独立型兴趣具备一定的魔力，让你充满力量、满怀意志、万分愉悦，能够"打破砂锅问到底"、不觉时间的流逝、成为灵魂食粮。当然你若不搭理它，它也终将远去，但你若愿意握紧它，它也必定不离不弃。

无论是化前者为后者，还是从头炼成独立型兴趣，都离不开认知、价值观和正面反馈。换句话说，新的知识使人在认知上了解哪些方面可以去拓展和进一步学习，从而感到实在确切的精神收获，并避免掉进焦虑不安的深渊。契合的价值观让人享有从心而发的能量，所谓"安贫乐道""乐以忘忧"正是如此，从心而发的兴致比外在的威逼利诱更具效能。最后，没有反馈的兴趣就像在茫茫大海随浪漂浮，无止无休，再丰厚的知识和坚定的信仰，也会有熄灭的一天，因此恰当的反馈就能及时加油，并修正错处、指引正道。

兴趣在优秀的人中间挑出了卓越。兴趣情绪对人有着积极的影响，并帮助人拓展多元的生活。研究证明兴趣情绪能够增强注意力、记忆力和持久力，同时能够驱动内在自发的奖励机制，使得求学和工作中更进取，因此表现与成就会相得益彰。科学研究也证明求学和学术研究成就与当事人的浓厚兴趣密不可分。当然，兴趣与事业相投固然是理想的情况，不过在理想与现实存在落差的情况下，例如当无法对从事的工作或项目产生兴趣情绪时，还一味地过分听从兴趣的呼唤而无法聚焦工作则容易造成顾此失彼，所谓"水能载舟，亦能覆舟"正是如此，因此不可不察也。

情绪舒展

兴趣有着强大的内在价值，因它而起的快乐和满足感是终生幸福的重要一环。因此，说兴趣本身就是最香最醇的美酒也不为过。对于每天忙于工作且仅乐于忙于工作的人来说，或许可以花点时间和心思找寻一下深层次的兴趣点是什么，金钱、名利、权力、自我价值的实现？……而其中纯粹独立且可持续发展的兴趣又是什么？如果有一天不再从事这项自认为是生命全部的工作，你又该何去何从？

利用自我效能感，作为一种工具和方法，都能够低成本地挑起情况型兴趣。通俗地说就是在学习、工作和生活中，通过对自己是否有能力完成某一行为的推测和判断，从而找出自己愿意进一步探索的事物和行为。一个人在不同的领域中，其自我效能感是不同的，因而可以培养不同的兴趣，给自己带来不同的多维度的收获。

重拾童趣，寻找生活中的甜蜜点，尝试不同的新鲜事物并体会其中的快乐都是拓展兴趣的方式和方法。闭塞的环境往往让人迷之自信，或许定期让自己踏出舒适圈就是找寻兴趣和拓展积极情绪的途径。放下自认为带着光环的"面子"去学一门语言，每年出国一次去了解不同的文化和理念，伸展僵硬的身体去打球、游泳、跳舞，听听身体的声音，坦诚且不带功利地去认识一个人，去体会生命的美妙。在开放的心态下，言语方面，无论是自我暗示还是请他人提醒监督，都可以从认可、表扬和赞许开始，如："这个项目设计得挺有意思，下次我们也试试调整一下思路。"尝试逐渐用"有意思""有特点"这些积极或中性的话去代替抵触和贬低不同的事物或生活方式。时代在变，审美在变，文化在变，对错真理往往由不得一人定论，所以拓展兴趣也是开敞自我的路径。

情绪的侧画像

"以后我就要常备两支胰岛素傍身咯！" 他甩了甩额前的头发，随意地说了一句。

身边的她一脸困惑："嗯？你怎么了？"

"和你在一起太甜了，我的身体消化不了，得靠胰岛素，跟糖尿病一个治法。"

女生迟疑了3秒，随后笑逐颜开："哈哈哈，哪学的？油腔滑调！不过你不是学计算机的吗？怎么会知道糖尿病怎么治？"

"嗨，专业背景跟平时兴趣爱好是两码事，我平时看的书可多了。为什么我们喜欢甜食、头顶的树叶为什么会变黄、故宫为什么一根铁钉也不用、为什么经济萧条的时候口红销量会上升、高维度的空间到底长什么样子……不觉得我们身边有太多有趣的事物了吗？不了解更多又怎么会遇到有趣的你呢？"

兴趣是一种清闲、安逸的生活情趣，也是让人体会美和生活真味的渠道。如同《吹肥皂泡的少年》中平民孩子自然、俭朴、淳厚、善良的美好情感，少年正在从室内向室外吹着肥皂泡，他身上的衣服虽然破旧，但洗得很干净，他聚精会神地吹着，肥皂泡变得越来越大。还有一个小一些的孩子，因为个子太矮，只露出大半个红扑扑的脸蛋来，两眼全神贯注地盯着越来越大的肥皂泡，一副大气也不敢出的神情。画中的两个人各有各的关注，各有各的乐趣。

吹肥皂泡的少年（Soap Bubbles）

作者：夏尔丹（Jean SiméonChardin, 1699—1779）

年代：1734 年

尺寸：61cm x 63cm

材质：布面油画

藏地：美国华盛顿国家美术馆

第

4

章

无冕之王

　　欲望王国在每一个人的心里平地而起、安营扎寨，由精神和身体共同铸造，由天使和恶魔共同守护。在这个内心的王国中，有人被奴役，有人成为主宰。被奴役的人，任由情绪和肉体操纵，勉强用看似光鲜的外表去遮挡已经扭曲畸形的内在。主宰的人则君临天下，凝视每一双灵眸，感受每一份炙热，尊重每一个生命，捕捉每一个创造，目送每一次毁灭。最终用平静的情绪链接一切，凝聚起充满生机且坚实强大的内在王国，那里平静祥和，处处都是心满意足的美好。

　　用一分钟，唤醒恰好的"平静"和"满足"，而这一分钟能改变我们的一整天，或许一切！

◎ 4.1 平静·和风细雨

随着窗外的鸟叫声和窗帘侧面透进卧室的一束暖红的晨光，杨文浩意识到自己已经醒了。他没有睁开眼睛，继续安静地躺在床上。他感受着自己平稳的呼吸、缓和的心率和慢慢起伏的胸腔。他静静地听着院外远处的鸟叫声，缥缈但清晰。回想这些天单位和家里的一些烦心事儿，身边一些自认为活到了人生巅峰的井底之蛙，他此刻的内心并没有什么强烈的情绪。他不想去焦虑，也不想去兴奋，只希望留几分钟给自己，仅给自己，去感受一个温和的早晨、一份坦然的自在、一种从容的神态。

可能是昼夜的交替平息了他筋疲力尽的身体，也可能是上天怜惜他的才华和平时与人为善的正直，一觉醒来的文浩似乎很享受这份清晨的安详和宁静。这种感受并不是来自内心的压抑，而是情绪释放过后的平息，是一种平衡的调息。日月星辰、花鸟鱼虫，无一不在调整着生存的平衡。对于人来说，寻找平静的情绪或许也是如此，而文浩懂得把握和使用这种情绪。与其他情绪不同，人们很难刺激调动自己的平静情绪，相反地，要得到平静需要你把心里绷着的弦松开，把无论是兴奋、紧张、开心还是难过，都一一卸下，然后平静才会悄悄地充满内心。

如果说大喜大悲是情绪的波涛汹涌，那么平静就是心境的风平浪静。它羞涩、沉着、淡定、坚强，你若不找它，它便静静悠悠地在一处逍遥地看云淡风轻。平静是一种情绪，也是一种状态，帮助我们守住自己对世界本源规律求索的初心。我们每个人体内都有一个"情绪盒子"，可以放进去开心、难过等单个情绪，也可以放进去多种叠加情绪，如生气、焦虑、害怕等。而平静，就是当所有其他情绪都被拿出来的状态，也是一种清空的过程。

面具下的情绪精灵

平静又称冷静、宁静，指的是一种远离强烈情绪挑拨的心境。也是一种面对事物能处变不惊，并且在短时间内分析并作出有效的判断或深入的理解的状态。看似"不为任何情绪打扰"，但也需要静下心来去感受它，找到它的藏身之处，学会与它交流，并与之成为好朋友。换言之，这种远离激烈情绪的状态也是一种情绪状态，绝大部分人都有能力去感知自己是否平静。

平静也是一种行为模式，在行为智能方面属理性范畴，并对人的逻辑思维和灵感创造都有帮助。从生理角度出发，当人处在平静状态时，身体各项指标最为舒张而平稳，包括血流平缓、呼吸松弛等。因而此时最有利于逻辑思考，大脑的智慧也可以最集中地释放，也就是所谓的"冷静思考"。从情绪角度来看，平静状态时的大脑处于"低功耗状态"，因此将会有更多的空间留给我们思考和创造。换句话说，强烈情绪往往需要占用大脑，从而影响更好的潜能展现。就好像我们总是遗憾考试时没施展开、吵架时没发挥好、跟喜欢的人聊天没表现到位，那是因为那些时候你应该动真气了，而那时的大脑已经被情绪"吞噬"。

因此，冷静有益于逻辑、灵感的迸发。而大家眼里的"高人"常常倾向于长期表现出"冷静"的状态，并在公众眼中形成他们"喜怒不形于色"的特征。但值得注意的是喜怒不形于色不代表没有情绪，丰富的情绪让人是人，是一个有温度且心理健康的人。只是有些人由于工作需要和科学训练比另一些人更熟悉"平静"这种状态而已，对于其他丰富的情绪也只是受教育文化影响和约束，要么被压抑，要么被忽略，要么自己都搞不清楚只待留到老了再去纠结罢了。

情绪舒展

上天似乎喜欢捉弄人，时不时拿捏几个干净的灵魂放入复杂的社会染缸里，看谁能坚持到最后，经历沧桑磨难还能出淤泥而不染。这些人不断地在各种事件中抉择，在不同的情绪中平衡，逐渐学会真诚地给予，然后坦然地接受，最后寻求内心的平静。无论是夜深人静的夜晚，还是暖意融融的午后，又或是得到充分休息后的清晨，自己独处的时候往往是寻找平静的最佳时候。与自己对话，让心灵和身体交流融合，卸下人世间的纷纷扰扰和一层层面具。

与平静好好相处是一种能力，尤其是当自己情绪不稳定时。把握平静、享受平静、守住平静，从而不惑乱于外物，保持笃定。在非言语方面，尝试10个丰满的腹式呼吸则是一个好的开头。通过深度呼吸以及屏息让更多的氧气进入身体，同时排出容易停滞在肺底部的二氧化碳，从而慢慢调节自己的气息和状态。尤其是当情绪激烈的时候，呼吸系统压力增大造成呼吸急促，腹式呼吸更能够及时给大脑补氧，帮助心灵找到平静。如时间充分，其他常见的外在驱动方式还有瑜伽、打坐冥想、泡个热水澡、游泳、跑步等。

情绪的侧画像

由于年初获得国家级设计奖项，杨文浩因此有资格以个人名义提交转入北京市户口的申请，这样不仅孩子上学的问题解决了，而且生活上也有不少便利。申请过程中需要提交各种材料，包括在职证明和单位法人证明复印件。可这看似很简单不伤及任何人利益的事情，人事部门却拖拉了两个礼拜，先是打报告给部门领导签字，然后由本部的人事办公室主管转给集团公司人事部。今天追问了一下，说是公司人事部正在为是否提供这些材料开会讨论。

虽说能够理解大公司程序复杂，但文浩没想到自己突然变得这么重要，或许因为非常规，或许因为不涉及主流人群利益，又或许是他有限的想象力理解不到的原因，这么点破事儿还要开会讨论。文浩心里想着："天天开会？！留点时间办正事儿行不行……"他实在想不通让单位出一个指定专项用处的法人证明复印件怎么就这么难。

下班到家后，老婆便追问北京户口的事儿。

"怎么这样啊！这帮人能不能干点人事儿啦？！……"从饭桌上骂公司再

到数落他，没怎么停，她非常焦虑。

"一、二、三、四、五"，平躺在床上的杨文浩心里默数着数字，空气均匀地通过他高挺的鼻腔进入胸腔，然后抵达腹部。

"一、二、三"，他继续默数，屏住呼吸，感受被空气撑起来的腹部，注意力也都在呼吸上，然后慢慢地均衡地将空气呼出，"五、四、三、二、一"。

反复十遍，他似乎已经进入自己的世界，安静、祥和，他需要这样平静的状态治愈自己，以及面对每一个明天。

真正的平静来自内心的和谐，也对应着杨绛先生的那句："我的世界，与他人无关。"在《红色的和谐》上，普通的室内外场景画中的每一件物品和每一处景色都脱离了它们实际中的本来面目。对于画中的女人来说，饱满的色彩便是一个充实丰满的世界。有热烈的红色彰显着洋溢的情感，并占据着绝对的优势，但也有冷静的蓝色，仿佛是一个休止符使画面色彩的情绪回落下来。整幅画似乎也在唤醒观者的内在情绪，唤醒他们内心深处的那片梦幻般的清纯之地，还有那里的宁静。

红色的和谐（Harmony in Red）

作者：亨利·马蒂斯（Henri Matisse, 1869—1954）

年代：1908 年

尺寸：180cm x 220cm

材质：布面油画

藏地：俄罗斯圣彼得堡艾尔米塔什博物馆

◎ 4.2　满足·如愿以偿

北京，2020 年 9 月底的太阳似乎一点儿不逊色酷暑，生怕那些上半年被新冠疫情打击得垂头丧气的人看不见它的存在。早晨不到 7 点，天就已经大亮，用白晃晃的光告诉大家：今天很热！科技园里的沥青路也非常够意思地腾着热气，远处还能看出离地面不高的地方飘着波浪。杨文浩一上午拜访了 4 家公司，着急忙慌的，居然连口水都没怎么喝，有两家或许因匆忙没倒水，另外两家或许太热情，给倒的都是开水泡的热茶。上半年的疫情让业务上几乎颗粒无收的他百爪挠心，七八月份加大马力地东奔西跑想。

下午一点多，杨文浩终于回到公司，打开冰箱还真找到一瓶可乐。冰镇感入喉的那一刻他感到一路奔波所受的苦都值得，一上午的几个单子也充分慰藉了他这段时间的挑灯夜战。他已经分不清此时开心到爆炸的感觉到底是又热又渴的一上午之后这瓶冰可乐给身体的安抚，还是这段时间紧张焦虑天天熬到半夜赶出几个新方案后拿到新订单的心理告慰。无论生理或心理，也不管是因降低了标准，还是受够了苦、使足了劲，此刻，没有什么能让他感到更好！

"满足"是人们生活中一个非常重要的情绪。它雍容华贵，善良中带着锋芒，话不多，也不作。它乐于站在"快乐"的身后，但也不介意与"愤怒""焦虑""悲伤"为伍。宏观上如果说人生的终极目标是幸福圆满，那这其中一定离不开需求和满足的平衡。微观细致地说，一个人当下的积极情绪和对状态的满足是幸福快乐以及理想生活的重要元素。快乐的人往往更容易满足，不是因为他们感觉良好，更多的是他们懂得如何运用多样的资源去更好地生活。

"满足"慷慨大方，毫不吝啬把它的样子投射到人的脸上，甚至不管你愿不愿意。所以，如果年轻时长得帅气、漂亮的你是靠天、靠父母、靠运气，那么 30 岁以后的样子则归功于自己。除了自律、饮食等外在影响，内在状态甚为重要，也就是"相由心生"的意思。其中，正面满足和负面满足带来的心境则是关键。正面满足通常来自不断努力后的自我超越的成就感、同事朋友间的互帮互助共同进步的自豪感，以及对陌生人予人玫瑰手有余香的获得感。这些微笑、欢笑、真笑、破涕为笑、开怀大笑和嫣然一笑都会轻轻地雕琢人的面容。而负面满足感则来自恨人有笑人无的习惯、肆意挥霍贪图的餍足，以及对其他生命的打压摧残后的得志。这些讥笑、嘲笑、耻笑、狞笑、淫笑和狂笑也都会深深地刻在人的脸上。

面具下的情绪精灵

满足往往对应的是需求，只有当我们喜欢、需要或渴求某样事物，它们的实现或得到才会带给我们满足感。我们所不喜欢的事物即使再美好，最终也只会是累赘。同时，大部分的满足感建立在付出之上，包括体力、脑力、时间、金钱等。如果没有前期的付出，我们的情绪更多的是惊喜或侥幸。例如，当随手买的一张彩票中了奖，人们会感到惊喜，但不会感到满足；与之相反，如果前期付出了大量时间去研究开奖规律或者下大本金去尝试，即使事实上我们所做的努力并没有什么用而彩票中奖纯属概率和运气好，人们也会对这个中奖由衷地感到满足。

满足简单来说是完全满意于一项欲望、需要或要求的实现，粗略可以分为三个层次：身体感官的饱和、精神心理的充盈和个人或集体的价值实现。

■ 对于身体感官的饱和，从酒足饭饱、睡眠充足到领略四季风景、畅游天南海北都能给人带来充实的快感。当然这里面也可以细分下去，就好比酒分清酒、烈酒、葡萄酒，中国白酒还分清香和酱香。每个人因成长环境、文化背景、经济条件、价值观念不同，而导致对身体感官的要求不一样，因此每个人在这个层面的满足点也不一样。物质生活的精致和粗糙，以及生活品质也能从这些方面反推出来。

- 精神心理的充盈需求往往对具有一定经济条件和知识文化的人更为突出。大家或许比较熟悉马斯洛（Maslow）提出的一些基础心理需求，包括安全感、爱与归属、被尊重等，还有三个比较重要的基本心理需求包括自主感或自主需求（autonomy），成就感或胜任需要（competence），关系需要（relatedness）。暂不提满足这些基本心理需求，它们是否被正视和尊重都是一个严重问题。强势的家长、习惯性的假设和自以为是、急功近利的虚假套路让很多人的心理需求都被忽视、扭曲，抑或是矫枉过正的错误引导。

- 个人或集体的价值实现相对复杂，并建立在前两个层次的基本满足之上。基于东西方文化对个人主义和集体主义的信仰及认知，这里不做过多的讨论。这一层次的满足可以简单理解为个人／集体的理想、抱负、潜能和能量发挥到最大限度，从而达到一个最高境界。

情绪舒展

恰当的满足感舒适积极，它让我们更有韧性，也更加自信地面对人生。但一味地膨胀，沉迷于满足后的快感，或不断提高后期目标都会让满足变得越来越难得到。当然，原地踏步或一味地降低需求去感受满足也是无济于事。这样不仅会让人故步自封，无法让自己在生活中更进一步，也难以付出足够的努力去体会高阶层满足感的快乐，最终导致索然无味。

因此适当调节、审时度势、不较劲或许是一种与"满足"常伴的态度。简单来说"自强不息"和"差不多得了"的精神都要有。定期去一些不常去的地方，吃一些不常吃的餐食，见一些不常见的人，"浪费"一些时间做些"无益之事"去锻炼自己的适应力和快速恢复的能力，从而学会去调解和自愈。在言语方面，使用积极表述法帮助唤醒满足的情绪，包括对环境、人或事多一些正面意识和表述，如："今天的天好蓝，真美！"，"这个项目虽然可能还不完美，但已经完工了，很不容易，大家都贡献了很多，我们继续努力！"

情绪的侧画像

走在巴黎卢浮宫的长廊里，柳倩细细端详着这幅130cm×94cm的画：端庄秀丽的伊丽莎白·路易丝·维瑞俯身而坐，双臂轻轻围抱着女儿，目光温柔而深情。天真可爱的女儿把脸紧贴母亲，搂着妈妈温润的脖子，妩媚乖巧。和谐雅致的画面充满了母女二人坚实的满足和无限延绵的爱。

"妈妈，我饿了！……已经记了20个艺术作品了，名字和意思也都抄到小本上了。"9岁的女儿摇着自己的手，轻微地嘟着嘴，忽闪着大眼睛含着些许委屈地望向她。

柳倩侧头看向女儿，回想一早8点从酒店出来到现在都4个多小时了。她仔细地看着女儿粉嫩的脸，突然意识到好像很久都没像画中的母亲那样抱女儿了。这些年，从吃喝拉撒睡到德智体美劳，学区房、培训班一项都没落下，包括这次欧洲旅行也是想着丰富孩子的视野。一大早就把女儿从床上拉起来，布置一堆作业，反复提要求。她似乎好久都没有体会什么是满足了。

"你太棒了，一上午就有这么多收获！字迹还这么工整。"柳倩蹲下身，看着女儿的眼睛，她看到了这些年孩子每一个阶段的开朗笑容，不断长大的小身体壮实健康，从不给大人添麻烦，幼儿园、小学表现也不错，成绩虽说谈不上前几名但都一直在努力学习，平时热爱生活，在家看她忙碌还总会送上一杯水，时不时说句："妈妈注意休息。"

这时，柳倩抬起头，用手拨了一下女儿额前细软的头发，翻了翻她小手里捧着的记录本，似乎突然意识到了什么，她满足地微微一笑，用食指尖点了点女儿的小鼻子："告诉妈妈想吃什么？这次在巴黎还想干吗？妈妈听你的。"

画家与女儿像（Madame Vigée-LeBrun and her daughter）

作者：伊丽莎白·路易丝·维瑞（Louise ElisabethVigee—Lebrun, 1755—1842）

年代：1789 年

尺寸：130cm x 94cm

材质：木板油画

藏地：法国巴黎卢浮宫博物馆

第
5
章

梦想之源

朝夕间那些伸手可触的小确幸让我们的每一天都充实饱满，一些基础的积极情绪帮助我们沉淀时光，让我们温润从容。而时不时总有些人和事，或大自然触发的情绪，让人产生"欲穷千里目，更上一层楼"的冲动。

对每一个明天怀有恰到好处的期待，让人眼里闪烁着别样的光，照亮前方的路和春夏秋冬。这份期待让我们知道什么是时间宝贵、什么是精力有限、什么是不值得、什么是不必纠结。而点燃这束光的助燃器是我们真心钦佩的每一个人和令我们惊叹的每一件事。这一章让我们认识"钦佩"和"惊叹"，认清它们最真实的样子，不偏不倚不被它们迷惑，不骄不躁不让自己迷惘，不离不弃对大自然的敬畏和对美好生活的向往。

◉ 5.1 钦佩·心悦诚服

大学里的宫晨就是神一样的存在，1.83 米的个头，剑眉下的凤眼总是那么有神，漆黑的瞳孔深不见底，高挺的鼻梁衬托出立体的面颊，皮肤谈不上白皙，但在总是凌乱的黑发下显得特别干净，不笑时冷峻得犹如寒冬里的狼，一旦笑了，冰山似乎也能瞬间融化。虽然还没毕业，据说已经开始在外创业，并正准备拿天使轮投资。时不时能在篮球场看到他，跟谁都能说上几句，总是精力充沛、阳光积极。

"快看快看，宫晨的创业项目好像拿到一大笔投资耶！……"身为同班同学的林奕慵懒地坐在教室靠窗边的前排角落里，一边享受着午休的美好时光，一边听着同学八卦各种新闻。她点开桌上的手机，刷着朋友圈和班级讨论群，漫不经心却又执着地翻着信息。似乎找到了想要看的信息，她停下手指，点开报道和图片，脸上泛着红晕，不知是兴奋还是冬日午时阳光的照耀。

在落日映射下的余晖中，一下午的课终于结束。林奕用手托着脸庞，坐在桌前，待老师走后，她看了看窗外，好像看到了宫晨的身影。心口一紧，再仔细一看，哦，不是。她轻轻地摇了摇头，笑了笑，胸中却有一丝温暖的感觉。宫晨一直以来就是自己的偶像，还记得当初参加学校夏令营时的各种活动，他都能又快又好地完成任务。听和宫晨同一高中的舍友说，他在高中时就特别努力且阳光，什么时候都能在自习室、讨论室或球场找到他。林奕收拾好书包，走出教室，下午落日的夕阳柔和温暖，顺着教学楼的门口照进走廊。咦，顺着阶梯迎面走来的那高个儿是他吗？

钦佩感，是一种积极阳光、奋发向上的情绪。不单是发现、承认、赞美他人的优点，还有反思、学习、激励自己见贤思齐。相较于喜爱和赞许，它多了一份充实自身的动力；相较于嫉妒，它透露的是阳光和真诚。它可以为成功的拼搏者而热血沸腾、充满力量，也可以为高尚的奉献者而备受感动、痛哭流涕。外在表现或许是昂扬或许是感伤，但有一点不会变，那就是钦佩感会激励我们去学习效仿，将钦佩落实为行动，努力成为自己钦佩的人。

钦佩情绪本身像是一座动力的源泉，它让人目光为之闪闪发亮、身体因而停驻不前、内心不由热血沸腾，并触发内心地希望自己变得更好、更加优秀、更加与之相近。钦佩感总能让人热情满腔，似乎人人都熟悉，但却又讲不清楚。对于能理清情绪的人，钦佩情绪帮助你成长，像一位资深的指路人默默指引着我们的前进方向。对于理不清情绪的人，钦佩感则被混淆成其他情绪，或经多重情绪叠加后，变得复杂难以把控，从而触发负面情绪成为困扰。

面具下的情绪精灵

钦佩情绪是一种尊重和认同的感觉，也是对某人或某事的尊敬和肯定。英文中的钦佩，admiration 起源于拉丁语：Admirari，在 19 世纪前都有好奇、惊喜、赞许和欣赏的情绪，用来表达对新奇或意外事物的惊奇。中文将 admiration 解释为钦佩、赞赏、羡慕，而在中文的心理学研究中也习惯用"钦佩感"来代表 admiration。

在深入的学术研究中，钦佩感与更高水平的个人成长联系起来。简单来讲，钦佩感是一种见贤思齐的积极情绪。当人们产生钦佩感时，往往会产生一些很有特点的面部表情。例如，当强烈地感受到钦佩时，人的眼睛会张开，睫毛上扬，眼睛发亮而非空洞，就像处于简单的惊讶状态，嘴巴并非豁然敞开但会展成微笑。功能磁共振成像研究表明，钦佩感经历与和自我相关的精神系统激活有关，也与低水平大脑系统的增长有关，这些系统与身体的基本维护和感觉以及身体变化的表现都有关系。

钦佩感是由代表具体理想和价值观的角色所引起的，往往指向的是另一个人、物体或事件符合或超过某些积极的标准，而不是自我。例如，他人优秀的能力、卓越的成就、美德等都会成为人们钦佩感的诱发源。同时，钦佩感也是回应杰出的人或物的积极情绪，是一种寻求赞美他人、与他人建立联系并且模仿他人的行为。这些诱发源往往是因为在相应的方面超过了自身，从而使得自身为之惊叹、为之鼓舞，并为之萌生喜爱。

对于美好的事物人人都会喜爱，并且为之感到高兴。这些角色的优点在原则上是可以被理解的，与自己相匹配，甚至可以被超越。钦佩感中的喜爱则是源于明显的差距，由惊讶产生对美好的喜爱，由佩服进而羡慕、渴望学习。钦佩感是对个体自我意识的高度唤醒，与它相联系的行为驱向就是坚持和尊崇理想。因此在一定程度上讲，钦佩感的首要功能就是促进个体为理想奋斗。它会激励个人克服艰难险阻去成为一个更优秀的人，是人类个性成长和发展的最重要的一种方式。很多事物都值得我们去钦佩：公正、善良、宽容等道德品质；社交能力、领导力、职业成功等能力或成就，甚至乐观、坚毅等积极态度也值得我们钦佩并去见贤思齐、修炼自身。从理论上来讲，这个情感有助于我们的理想和价值观成为行为的指导，也有助于理想、价值观和目标的采纳和内化。

钦佩感与倾慕感仿佛孪生兄弟，二者虽然相近但仍是各有特点。从理论上讲，它们都是认知情绪，也就是说，它们与社会认知有关。这两种情绪都与自我导向的"我"情绪形成对比，并从内心认可对方，至少在某些方面处于更高的水平。此外，正是由于发现、承认、赞美了他人的优点，因此我们内心产生一种钦佩感或倾慕感，从而反思、学习、激励自己见贤思齐。与倾慕不同的是，钦佩感是一种流动的情感，通常以对他人行为作出反应的瞬间行为冲动为特征。当面对他人偶然一个善意的行为，那一瞬间，我们的内心热血沸腾、充满力量，钦佩感也在此刻油然而生。收缩情感更强调想要从对方那里得到，试图将对方拉向自己，或接受对方。由于钦佩感会激励我们去学习效仿，将钦佩落实为行动，努力成为自己钦佩的人，包含了"想要成为一个模范"的愿望，因此它也被归类为一种收缩情感。

情绪舒展

　　钦佩感是"欣赏"或"喜欢"情绪家族的成员，它往往与欣赏他人善良的积极情感倾向有关。钦佩感经常用来说明性情、态度和判断。例如在疫情面前，以白衣天使为代表的负重前行者为了抗击疫情离开安逸、奔赴危险，这一勇于承担、甘愿奉献的行为令无数人感动，内心的"钦佩感"油然而生。在这里，钦佩感并不是像伤心、喜悦等一样的真实的情绪经历，而是一种对闪光点的态度、判断。这些勇敢的逆行者代表着人们内心善良和理想的化身，并以他们为榜样，进而驱动自己。

　　理性识别钦佩感，不偏不倚，才会恰到好处地成就自我。一方面，不过度迷恋，理清钦佩来源，对方具体的成就或闪光点。也就是说需要问问自己究竟是钦佩对方的哪一具体点。如果我们难以具体说明，或许这仅仅是一种心理的好感，而当我们可以具体地说明时，这一让我们钦佩的闪光点就幻化成为一束明媚的阳光。另一方面，不苛刻要求，立体多维地尊重被倾慕者。人非完人，因此也需要宽容钦佩对象的合乎人之常情的错误，因为对每个人来说这都是一种正常现象，这样才可以为钦佩感保鲜，让它继续引导在迷雾中行走的我们向着光明前行。

　　钦佩感也包含一些消极成分的情绪混合物，因此对于内心脆弱的人来说，钦佩感或许会刺激其负面感受和影响。有心理学家曾将钦佩描述为惊奇和消极的自我意识的混合。也就是说当关注点过度聚焦于自己时，钦佩感可以转向或引发与其他消极情绪的联系，比如：当在日常生活中面对一些杰出人物身上的优点时，我们会否定、看低自己，认为自己缺乏同样的重要品质或技能。这样的想法可能就会助长我们伤心、害怕或羞愧的消极情绪。然而令人可喜的是，钦佩感和消极情绪之间的联系并不意味着消极情绪一定会伴随着钦佩感，钦佩感也并非必须包含消极情绪。所以，如果我们能够深入地了解并掌握自己的情绪，钦佩感则会成为一种推动我们成长的积极情绪。

现实生活中，人们听到的赞美层出不穷，"亲爱的，你真棒！"，"领导，您真是英明神武啊！"，等等，但真正产生钦佩感似乎并不能被表述出来。因为钦佩感往往是由一件具体的事或成就而触发，因此或许可以尝试："亲爱的，你的项目报告写得真好！框架完整、逻辑清晰、文笔流畅、有理有据，我们看了都很佩服，领导好像也特别满意。"或者"领导，您这次的投资决策太棒了，刚刚查看了最新公布的规划政策，咱们的那个领域属于重大项目类别，不仅收益有保证，同时也支持当地政府和社区的发展"。

情绪的侧画像

"国家之使命，不容辜负，我等你回来！照顾好自己！"2020年1月30日，正月初六，刚到武汉的王娟匆匆扫了一眼丈夫的这条微信，便随同事一起再次进了重症病房。

突如其来的新冠病毒让1992年出生的她和新婚的丈夫暂别。

"正月初三得知要组建医疗队支援武汉，大家都报了名，穿上这身衣服，就意味着使命与担当。"王娟后来说道，"其实我爱人也报名了，后来也是去了。"纯朴的笑容在她脸上泛光，那种和天使一样的光。

古罗马有一个传说：他们曾经与比邻的古利茨亚人长期作战，双方都疲惫不堪，后来经长老们议定进行最后决战。但是双方的人民却有着通婚的关系，为了避免一场大规模的流血厮杀，双方统领达成协议，各选三名勇士来进行格斗，以胜败来判定罗马城与阿尔贝城的最高统治权属谁。在这场战争中，荷拉斯兄弟被选出来与敌人进行格斗。老荷拉斯将武器分发给三兄弟，三兄弟伸出右手向宝剑宣誓……旁边的母亲、妻儿和姊妹担心这次出征凶多吉少，哀痛得心如刀绞。一个女人搂着自己的孩子泣不成声，但也能理解为了国家和民族的存亡，只有牺牲家庭和个人的利益，为共和、自由而斗争。

荷拉斯兄弟之誓（The Oath of the Horatii）

作者：雅克·路易·大卫（Jacques-Louis David, 1748—1825）
年代：1784 年
尺寸：330cm×425cm
材质：布面油画
藏地：法国巴黎卢浮宫博物馆

◉ 5.2　惊叹·肃然起敬

刘小雅睁着大眼睛扫视身边的一切，推了推眼镜，让自己看得更仔细些。几十米高的大厅宽阔明亮，阳光透过玻璃洒进楼里，脚下的地砖干净得可以当镜子。空气中飘着淡淡的咖啡香和说不清的芬芳，提神醒脑又柔和舒适。身边的人忙碌又不仓促地穿梭于大堂间，或端着咖啡打着电话，或抱着文件与身边人商讨，他们的衣服大多颜色简单，看似单一的款式又都不太一样，但有一种很贵的感觉。

今天是小雅实习的第一天，踏入这座大楼的那一刻，她感觉一切都新奇又遥远。她腿上暗自用了些力气，想让自己如做梦一般虚浮的步伐踩得更坚实。她甚至没察觉到自己的手开始攥紧了包带，似乎这能让她更有底气一些。她深吸一口气，问到高层电梯间的方向，走了过去。

她惊叹着，惊叹这大厦500多米高的宏伟，惊叹如此简单的内饰设计却给人超凡的优雅感觉，惊叹身边人们的专业形象和态度。4年前，小雅以省里文科最高分从不富裕的县城考到全国最好的大学，经历出国交换等各种培养项目，她本以为自己已经看到足够大的世界。但现在，她看到了更宽广的舞台，也看到了新的目标与期待。

赞叹仰慕之情想必每个人都经历过，这种情绪往往会让人产生些许的畏惧，也在反观自身时难免自惭形秽。但更重要的是看到了更大的世界，了解"人外有人、天外有天"的真正内涵。惊叹是多种情绪的混杂，是一种需要意会而难以言传的情绪。在惊叹这种情绪中，敬畏感令人严整守规，而钦佩感则令人自省奋进，因此惊叹更多的是一种积极情感，让人在敬重与赞许的情感中拓宽眼界、步出井底，也让人在自律自省中向前迈进。

面具下的情绪精灵

惊叹是当我们面对挑战、面对我们的内心世界理解的重大事物时的一种感受。该情绪的英文 awe 的释义为：mixed emotion of reverence, respect, dread, and wonder inspired by authority, genius, great beauty, sublimity, or might。翻译成中文即一种由权威、天才、伟大的美、崇高或力量激发的崇敬、尊敬、恐惧和惊奇的混合情感，以及压倒一切的感觉。在汉语体系中，并没有一个准确的情绪词语来对应 awe 这样混杂的情绪。而一般词典里将 awe 与"敬畏"完全等同，但似乎在情绪中不够准确，原因有二：首先，敬畏情绪在东亚文化中是包含了一种潜在的传统宗法等级制度的，它的产生原因是一种等级的尊卑或者文化中身份地位的不同，如下级对上级的敬畏、学生对老师的敬畏，但这种情感的产生并不是由于赞叹，所以用"敬畏"来描述 awe 是不贴切的；其次，在中文释义中，"敬"是严肃、认真的意思，还指做事严肃，免犯错误；"畏"指"慎，谨慎，认真，不懈怠"。在东亚文化中的敬畏，缺乏赞叹的情感，"畏"也更多地指向"敬"，由敬而生规矩、生严整，是为"畏"，即以畏为表、以敬为里。这也和 awe 这种情绪的具体表达不相符。因此，这里用惊叹来表述 awe 这种情绪。

简单来说，惊叹情绪包含敬畏，但不限于此。在社交场合中，惊叹情绪驱使着人们产生一套完整的行为逻辑。在心理学研究论文中，学者们探究了不同控制条件下惊叹情绪对个人表现的影响。他们认为惊叹情绪可以对抗权力、傲慢和自恋等自私倾向。当个体遇到一个巨大的、挑战他们世界观的实体时，他们会产生惊叹情绪，进而产生一定程度的自我贬低而变得谦逊。通过实验，研究者发现在控制其他中性与积极情绪之下，惊叹情绪的经历可以使受试者在更大程度上承认外部力量对他们个人成就的贡献，并对自己的优势和劣势向他人呈现一种更加平衡的状态，进而获得更优异的表现。那些令人叹服的经历可能会促进自我超越，从而也佐证惊叹这种情绪属性为积极情绪。在神经学、生理学的研究中，科学家们通过对大脑反应的研究意识到不同个体对惊叹这种情绪的敏感度是不同的，认为这与个体的遗传学因素和生活背景相关，因此，同样的事物会根据个人因素而不同。

　　在东亚文化中，敬畏之情有着很深的文化基础。孔子在《论语·季氏》中说："君子有三畏：畏天命，畏大人，畏圣人之言。"巴金先生也在小说《家》中写道："祖父是全家所崇拜、敬畏的人，常常带着凛然不可侵犯的神气。"由此可见在东方国家，由于传统中尊卑有别、尊师重道、尊老爱幼等观念的存在，上级与下级、老师与学生、长辈与晚辈之间都有着一种较为分明的界限，下级、学生、晚辈应当尊重、服从于上级、老师、长辈。这种情绪往往是在面对一些人或者事物的象征的时候才会出现，含有尊敬、敬重但也带着一些疏离和畏惧的情感。同时，朱熹在《朱子语类》中谈道："然敬有甚物，只如畏字相似，不是块然兀坐，耳无闻目无见，全不省事之谓，只收敛身心，整齐纯一，不恁地放纵，便是敬。"东方文化中"敬畏"的含义实际上对人有着行为约束的作用，因为这样的敬畏之情实际上是构成了对自己的约束，让自己不会做出不合规则的逾矩出格之事；但对于一向谨小慎微、严于律己的人来说，这样的"敬畏文化"反而束缚了他的手脚，对尊者的敬畏和疏离会使其内心焦虑紧张，生怕自己言行不当而有所冲撞，其正常水平的才能难以得到发挥，限制了他的发展空间。因此，"叹服"包含着一些"敬畏"之情，也会有相应的利弊。

　　惊叹的初始是由赞叹、敬仰、畏惧引发，能鞭策叹服者扩大其眼界和胸怀，产生一种"人外有人，山外有山"的认知，让人们内审自己不断向优秀靠近，不断前进。但当狭隘的意识和嫉妒之心占据上风，则会阻碍人的成长和进步。有科学研究证明人对大自然的惊叹情绪在促进环保中有重要作用。同时，人们也会在灾难之中敬畏大自然的力量。当面对地震、海啸、火山喷发这样的灾难，我们往往会在失去家园甚至失去至亲的同时，对大自然产生一种敬畏之情，并在惊叹情感中重获新生。

情绪舒展

关于惊叹这个词汇所代表的情绪含义，最好针对不同的情绪作用对象来辩证看待。如对于正向积极的信仰与价值观，敬畏之情往往能带来更为稳妥的行为，故而不需要刻意地调控应对。而对于人际关系中的惊叹，则应当摒弃其中包含的"恐惧、惧怕"所带来的消极影响。从情绪的科学探究角度来看，惊叹是一种"高唤醒、低动机"的情感。"高唤醒"源自"惊叹"之情，而"低动机"则解释了一种疏离感，由疏离感而生畏惧感。因而想要消除畏惧感，最关键的一点就是减少疏离感与尊卑感，增强熟悉感与亲近感。正因为畏惧，我们会不自觉地选择疏远、服从、讨好，而越是如此，隔阂就越深，正如鲁迅先生所写的"我"和中年闰土之间看不见的"厚障壁"一般。唯有通过主动积极且有效的交流打破这层隔阂，建立更加平等亲近的关系，才能从根本上消除畏惧之情。只有这样，才能逐步解开"畏"字在传统文化中给我们带来的束缚，跳出桎梏，以更加平和的心情、更加轻松的态度，去和师长、上级交流。

对于惊叹中所包含的崇敬、赞叹之情，不仅可以在心中发出，更可以正面向当事人表达。惊叹所带来的情感往往是由于自身的成长经历、生活背景的单一或者所处交际圈的狭窄所导致，但在许多人心中，这种"惊叹"往往被压抑了，因为他们害怕被人发现自己眼界的短浅，更深层则是由于自卑的心理和狭隘的心胸。越是压抑"惊叹"之情，则越会加剧个体的自卑、嫉妒心理，久而久之内心则会产生病态。面对让我们奇伟瑰丽的事物，我们应当正视自己过去阅历的不足，并坦然接受自己内心的惊叹，由此我们便开阔了自己的眼界，拥有更加高远的目标和更宽广的心胸。

　　因此在表述方面，表达出赞叹之情是一种积极正向的能量传递，当然也需要注意表达的方式。如果我们能合理地表达我们的赞叹，这将会十分有利于人际关系的建立与加固。但要注意的是情绪过于激动导致忘记基本礼仪的做法是不妥当的。同时措辞也十分值得注意，用词要贴切而诚挚，一味地夸夸其谈、过多的溢美之词不仅不会让人心情愉悦，反而会给他人留下虚伪拍马屁的坏印象。要记住，只有发自内心的赞叹才能表达出语言的真切与美丽。惊叹的情绪应当是一个正念双向传递的过程，向他人表达赞美的同时，自己也欣赏到卓越与优秀，甚至可以感受到鞭策与鼓励。只有善于发现美好的双眸，才能时常赞叹这世间的美好。

情绪的侧画像

　　他判断得没错，只是没想到这个个头不高的小女孩的表现比他想象得更好。答题时的小雅逻辑清晰、内容充实、自信谦和、英语流利，好几个点其他人都没想到。只见评委们纷纷点头，王光磊也一样情不自禁地为她默默点赞叫好。

　　到了评委打分环节，面试者中场休息，同组的几个人都上前与小雅攀谈，想必大家都对她的表现感到惊艳。王光磊也不例外，他站在不远处，也有想上前交流的冲动，但想想笨拙的自己，不禁有些退却……

　　王光磊用眼睛的余光打量着与自己分到一组的小雅，只见她漆黑的头发自然搭在肩上，衬托着米白色的西装外套格外干净，又和她黑色的高领衬衫互相呼应。刚刚打招呼做自我介绍时那双会笑的双眼，正在认真浏览着桌上的材料，并时不时用笔在上面圈画着什么。

　　他有些失神，心里暗自惊叹："这个女孩应该表现不错吧。"

　　在《戴珍珠耳环的少女》这幅作品中，身穿棕色衣服，佩戴黄、蓝色头巾的少女，气质超凡出众，宁静中恬淡从容、欲言又止的神态栩栩如生。她侧身转头面向画外，嘴唇微微张开，左耳佩戴的珍珠耳环若隐若现，整体身影与黑色的背景形成对比，凸显立体。惊鸿一瞥的回眸使她犹如黑暗中的一盏明灯，光彩夺目，平实的情感净化观者的心灵，令人叹为观止。

戴珍珠耳环的少女（Girl with a Pearl Earring）

作者：约翰内斯·维米尔（Johannes Vermeer, 1632—1675）
年代：1665 年
尺寸：44.5cm x 39cm
材质：布面油画
藏地：荷兰海牙莫瑞泰斯皇家美术馆

第6章

冥冥之中

一生中总有某些时刻，我们选择让自己纯粹简单、脆弱寂寥、毫无防守、自由呼吸。而往往就在这时，一个人或一件事猝不及防地闯入你的内心世界，直达最深处那个无人问津也不愿意让人知道的地方。或许是茫茫人海中就多看了那么一眼，抑或是入睡前多琢磨的那么一丝念想，从此便心甘情愿地赌上真心和信任，期盼着更多的交织，安放心灵。

如果像施一公教授公开课讲到的那样，人们所有用眼睛能看到的东西，用身体能感受到的能量存在形式，加在一起只是宇宙空间 4% 的存在形式，那么剩下的 96% 以及其中 23% 的暗物质到底是什么？又给人的一生和生活轨迹带来怎样的影响？

世界各地的无数科学家，怀着对宇宙和自然的敬畏，前仆后继地尝试从各个领域去回答这样一些深奥的问题。对于一个个体来说，不知道"着迷""倾慕"和"审美欣赏"这几种情绪是不是通过感应宇宙的能量，与成吨穿过我们身体的暗物质相互作用，用那些没有电磁力的弱相互作用，迷幻般影响着人的心理和生理以及生活轨迹。

◎ 6.1 着迷·魂牵梦萦

三春花卉正芬芳，发作痴迷我也狂。

摘自（宋）《缘识》赵炅

有时候，一个人、一件事、一个念想会没有来由地出现在你的生命中，并深深吸引着你的注意力。无论多么努力，都无法按压这份悸动和为之跳动的心。常常日思夜想，即便被日常繁杂的琐事缠绕到无法呼吸，停下那一秒的第一瞬间便是这种情绪带来的影像和思念。可能是身上有着神秘香味的人，可能是各式各样的钟表，可能是一项永远骚动内心的运动，也可能是一番令人激动的事业和理想。至于为什么喜欢、喜欢哪儿，说得清，也说不清，所以全随它去吧！

"着迷"是一种积极情绪，是阳光下的欢喜和好奇心。它有着那种跑完10公里还想继续冲过去拥抱的吸引力，也是一种想要探寻了解的动力。它也是一种神秘的情绪：它的吸引力是只知其然，不知其所以然的。奇怪的是，越是了解，越不明白自己的心动从何而来，怎么会来得毫无预兆。这种时候，人们会说"你迷上了"，这就是所谓的"着迷"。这种情绪在东方文化中似乎常常被狭义地理解为：更多地对人着迷，以及消极和负面的结果。以李白《秋风词》里的"早知如此绊人心，何如当初莫相识"为代表，里面似乎表达了着迷的深度和魔力，但好像少了一分"我爱了！"的坦然和洒脱，从而把这种情绪变得消极悲惨，失去了原本的浑厚和丰满。

面具下的情绪精灵

着迷情绪包含着强烈的未知色彩，通常因某个人、某件事或某样物品而触发，令人感觉到强烈的吸引力。吸引着我们想去靠近、去了解、去模仿，但却并不完全知道为什么会被如此吸引，仿佛有未知的力量带领，无法归因于任何已知的因素。也就是说，我们原先并不知道我们对这个触发点感兴趣，因此实际上它所提醒的是我们平时不易察觉的深层渴望。这种深层渴望通常复杂，无法在短时间内清楚识别，却又反复地影响我们生活中的许多决定。这种情绪的产生就是"不科学的"，它的非理性特质使其难以分析，或许也正因如此，它给人一种突破固有掌控范围的活力感和生命感，从而触发一种原始冲动，促使着人们去摸索未知、寻找自我，以及探寻宇宙万物的联系与融合。

与"兴趣"等积极情绪不同，"着迷"确实多了一些未知和不可控的执着。而正是这种令很多人害怕的未知和不可控的执着让生命浑厚多彩，让生活充实有力，且充满意义。现代社会中，如果像乔布斯、马斯克、马云、马化腾这样的人没有"着迷"情绪带来的执着，或许世界也是不同的样子。同样，在我们身边，如果没有一些前辈和同事朋友的"着迷"，那么我们的工作和生活状态可能也是别番样子。当你碰到了喜欢的人或事，而你也知道喜欢什么，为什么喜欢，那不叫着迷。着迷是你好像知道，但又不确切知道为什么如此喜欢和放不下。你只知道你深深地被吸引，你想花更多时间探索这一切。除了未知，着迷还伴随狂喜，像是中了魔咒一样，感受到强烈的喜悦。像是寻找已久的宝贝突然出现在眼前，冥冥中你知道，就是它了。但着迷又不完全等同于快乐，因为我们不知道着迷确切的原因。这种不可掌控使得着迷情绪在被理性、科学、预测所占据的世界越来越少。这种特性也为着迷增添了情绪力量，让感受者获得更强的生命力和释放感。

根据目前主流心理学派的解释，人对一切外在人或事物的兴趣来自内心的需要和渴望，因此当身心在面对不同刺激时会用各种各样的方式告诉我们是否需要或追求，那么因强烈兴趣和好奇心所引起的着迷便是一种体现。顺着这条线，心理学家提出的"冰山理论"和"潜意识"或许能从一个方面来解释着迷。简单来说，人的意识就像冰山，露出水面的一小部分称之为"意识"，而比较深层次的那些被压抑且不能用通常的方法使之变成有意识的状态和心理活动则是潜意识，包括原始本能、冲动、童年心理印记、环境熏陶、观念、习惯、人格等系列因素。冰山下的潜意识集结了大量我们来不及或不被允许思考和处理的情绪，而着迷情绪就像偶然浮出水面的一个冰块，但却映射着下面巨大的未知能量和秘密。

着迷的定义决定了它不像物理定律一样可以被完美预测和寻找，但从相关性来说，着迷往往发生在与已有生活环境和习惯不同的事物中。功利寻找的过程往往陷入自我规划的程序中，反而难以找到可以着迷的事物。因为从启蒙运动开始的主流追求一直是通过科学与理性去分析和解释这个世界，将人放在"他者"的角度去看世界。我们学习如何通过规划和建设，使自己的生活环境更利于生存，使其最大限度地处于掌控之中。正因如此，不可捉摸的"着迷"越来越少。因为着迷的产生与"神秘感知"以及与外在事物的"共通或共鸣"有所关联，因此艺术、自然等非常规且具有高未知性、不可分析的领域常常会引起人的着迷情绪。

情绪舒展

"着迷"本身充满热情和积极能量，由于连带着强烈的未知渴望，它同时也让人难以掌控。我们可能迷上带给我们正面影响的人或事，也可能迷上让我们变得负面的东西。因此，对这种情绪的"意识"和"觉察"便十分重要，当感受到说不清、道不明的一种迷恋时，要思考，究竟是什么东西吸引着我。就算控制不住自己，也尽量"死"个明白。如果是面对一个人，我们可能想尽量地了解这个人的喜好、性格、与他相关的一切，甚至进一步希望被这个人了解，无论从什么角度都想拉近两人的距离；如果是面对一件事，则会在无论做什么事时，总是想起这件事，它可能是一个爱好、一个活动，但因为为之着迷，所以无时无刻不想着还可以做什么，在这件事上投入更多精力、做得更好；如果是对一个物品，可能会很爱惜，并且希望尽一切可能保持这件物品的完善，甚至和这件物品相关的一切，都想收集、拥有，如着迷于自己的爱车，便经常做汽车美容、保养，使用的零件和保养品也只用最好的。在这个时候，不妨回头审视内心的需求，心中是否有未曾满足的渴望被唤醒？借此机会探索内心，揭开"着迷"背后的面纱，进一步从根本上去认识自己。

因为着迷这种情绪一般情况下与内心有着较深的连接，通常指我们的注意力深深被吸引，无法控制。完全活在科学规划分析和一切尽在掌握之中的人，常常误以为世界和人生是一套封闭系统，这一理念有悖于生物本性中对未知的好奇和渴望的基本元素。着迷可以直接给人带来快乐和满足，同时它为平淡无奇的生活补充了不可预测的更新和起伏，对情绪平衡发挥着重要的积极作用。着迷是去机械化和去物质化的，会给按部就班生活的人们带来突破已知自我的活力感，让人保持有所期待的积极心态。单一地恪守某些规则和理念而粗暴地压抑这种情绪，往往是自欺欺人的表现，也容易为自己的精神和身体健康埋下祸根。

简单来说，不要被"着迷"吓到，这只是你内心的觉醒并尝试与你交流，它说："海中发现了新大陆，要不要一起去探险？"

情绪的侧画像

晨雾笼罩着的港口，深夜的黑还没完全褪去，一抹朝霞已托衬着红彤彤的太阳慢慢浮出水面。经过晨雾的折射，圆形的红日在昏暗的景象中极其突出，在水面上形成随波颤抖的暖光，反复变幻，迷人至极。

莫奈用画笔将 18 世纪法国海港城市的日出神奇地呈现在人们面前。条形笔触与光线投影相互呼应，借用长短不一的线条描绘出水面上泛起的波光。三只小船在朦胧的雾气中若隐若现，远处依稀可见的工厂烟囱、吊车等隐约等待着开工。

多少年过去，世界经历沧海桑田，同样的太阳，今天依然升起。

海边的港口，日出的景象依然让无数人着迷。有的痴迷于无边无际的大海，有的执着于那跳出黑暗的第一束光，有的迷恋于曾经同行的人，有的自己都说不清内心深处的喜欢。

日出·印象（Impression Sunrise）

作者：克劳德·莫奈（Claude Monet, 1840—1926）
年代：1873 年
尺寸：48cm x 63cm
材质：布面油画
藏地：法国马蒙丹—莫奈美术馆

◉ 6.2 倾慕·情有独钟

圣诞夜，团聚的欢乐向夜空下寂静的街巷内传递着陪伴的幸福。映着圣诞树上斑斓的彩灯，杰克提着收音机，抱着写满字的大号卡片纸板叩开安娜的家门。看着门内安娜惊讶的面容，他俯下身，打开收音机，瞬间，圣诞歌的曲调将他们俩环绕，悠扬的声音伴着沉静美好的歌词："平静的夜晚，圣善的夜晚……"

他们就这样，一个在门内，一个在门外。屋里传来声音："是谁呀？"注视着还未缓过神的安娜，杰克展示着胸前第一张纸板："告诉他们：是教会送圣诞夜祝福的。"安娜的眼神从惊讶转为好奇和喜悦，不知道这个无厘头的朋友又搞什么新花样。她扭头回了一句，再次看向门外的杰克。

他随之展示了第二张纸板："'幸运的话到明年'，'我将和一个女孩约会'"。接着一张安娜火辣的写真出现在杰克胸前。看着自己的照片，安娜忍不住笑了。

杰克继续展示着纸板："'但是现在，请让我说'，'我没有任何期望'，'仅仅因为今天是圣诞节'，'我必须讲真话'，'对我来说，你就是完美'。"安娜将目光从纸板转向杰克，恰巧与他深情的目光在空中交会。她眼睛向左右瞟了瞟，忽然有些不知所措，又盯着杰克胸前的卡片。

空中飘着缓慢温馨的圣诞曲词："圣洁婴儿纯真可爱……"

杰克低下头看了看卡片，继续展示："'我将永远爱着你'，'直到你变成……'"杰克顿了顿，翻出下一张全身已是骷髅的图片。随之，他自己也笑了出来，抬头看向安娜。

看到这幅真诚的表白图，安娜"扑哧"一声笑了出来。她稍稍凑近了身子，细细端详着这幅可爱的枯尸图。杰克微笑着注视欢乐的安娜，展示出最后一张圣诞祝福："圣诞节快乐！"

安娜抬头望着杰克，轻声祝福："圣诞节快乐！"

杰克双手向安娜竖起大拇指，微微一笑，提起收音机，抱起卡片，转身径直走进寂静的街道，耳边回响着美好的圣诞歌："平静的夜晚，圣善的夜晚……"安娜倚在门框边，看着杰克渐行渐远的身影缓缓步入街巷的夜色中……

《真爱至上》电影桥段

和"着迷"相似，"倾慕"也是一种在东方文化里被相对忽视压抑的情绪。它像灵巧的猫，用那轻盈且有活力的步伐游走于友情、爱情和亲情之间，散发出甜美、真实、诚挚且纯真的光芒。

宛若天山上远离尘世的圣泉清冽可鉴，"倾慕"清洁纯粹，没有肆意增长的杂念，不含精打细算的交换，不带贪婪邪恶的霸占欲。它带有圣女的真实和无私，与人之乐，为己更乐。"倾慕"温文尔雅，似乎存在于如胶似漆的爱情和初见后朦胧不清的喜欢之间。这种飘忽于尊重、钦佩、疼爱和欢喜间的情绪，单纯如夏季清晨茉莉花上的露水和清香，浓烈如细品陈年老酒，口感醇厚、回味悠长。倾慕的爱比浪漫的爱多了几分理性和智慧，比简单的喜欢多了几分痴心和深情。

细看倾慕情绪，犹如浸泡一杯香茗。起初茶叶在沸水中漂浮时，茶水色泽清透，仅隐约看见水中透露着茶叶的颜色。细嗅茶香，是一种飘然的淡香。不久后，茶叶将颜色融入水中，茶水颜色逐变但依旧明亮透着光泽。不用靠近，茶香早已四处萦绕飘荡。随后茶水颜色深沉厚重，茶香浓郁。倾慕情绪范围广泛，但并非都如浸泡过久的茶水一样浓烈，直接表白内心。有时是飘然的淡香从眼前一闪而过，但却深埋心底；有时则是细细品味这清新淡雅的香茗，默默地行动，但并不说破。虽然形式上或含蓄，或直率，但有一点是不变的，那就是对香茗有着深深的喜爱，并且愿意为浸泡香茗无私地付出精力或时间。最含蓄的倾慕莫过于一阵飘然的淡香。或许是一场邂逅，或许是背地里的崇拜。他人的人格、魅力，甚至背影都会让我们思之愈深。然而这种深沉的喜爱总被暗藏在心里，偶尔在心里偷乐，但毕竟只是如丝如缕，只能让我们在远处凝视。

面具下的情绪精灵

倾慕是一种基本积极情绪，也是人类个性成长和发展的最重要的一种方式，往往产生于回应杰出的人或物的积极情绪。从理论上来讲，这个情感应该有助于一个人的理想和价值观成为行为的指导，也有助于理想、价值观和目标的采纳及内化。倾慕是欣赏或喜欢情绪家族的成员，近些年的研究也将爱和感谢纳入这一情绪家族，给人带来积极的影响；一方面，它表达了对他人的正面评价，因此与欣赏他人善良的积极情感倾向有关；另一方面，它激发一种对挑战和刺激的应对性格，从而对人起到积极影响的作用。换句话说，人们往往会因为倾慕一个人或一件事而让自己变得更好，无论是好胜心还是进取心，这是一种去适应更高的知识结构所需要经历的过程。

产生"倾慕"这种情绪以及一系列其他情绪的原型情境是另一个人、物体或事件符合或超过某些积极的标准。它的本质是关注于他人，并具有主导其他焦点或外部焦点的情感。由于倾慕是在对某些刺激事件中看到的积极回应，它进一步被包括在更大的情感家族中，称为欣赏情感，即喜欢或赞扬他人的情绪，包括赞赏、接受、尊重、认可或喜欢。倾慕也是一种常见情感的混合元素，如"敬畏"即倾慕和恐惧的混合。当人们接近被倾慕者时，通常会引发敬畏之情；但当人们感到敬畏时，却不会有倾慕。

倾慕情绪的产生依赖于已经建立的关系，一般不会发生在陌生人身上。对一个人来说，拥有倾慕情绪能帮助他通过"拥抱"另一个理想的人或存在所传达的意义和价值，来激发寻找目标，从而有助于个人成长和对生活的满意度。这种情绪的基本成分和产生过程包括：对自己的内在成长有着非常大的影响和深远的意义，存在 / 参与着对自己重要的事情，过去或未来可能促进个人目标的达成，通过相互联系进入精神理想状态，代表心中的理想概念和意义框架。而在行为趋势上则有以下趋向：拥护，融入对方的世界并建立非社会关系，整体上内化一系列的理想和价值，模仿与他人建立联系、交流理想，以及通过社会凝集的大规模合作。

和"着迷"有相似之处，倾慕情绪的诱发源往往超出个人认知和知识范围，这些情感是由一个人先验知识和经验的超越而产生。如前面讲到的那样，倾慕情绪所带来的挑战有利于雕琢积极的性格和行为。它的中心行动倾向是寻求与对方建立关系（如果只是在思想上），使他成为一个人身份的一部分，并采纳由对方传达的理想、价值观。相比于"钦佩"（其诱发源是在认知和能力范围之内），"倾慕"多了一些遥不可及和理想概念。

情绪舒展

倾慕情绪纯粹且乐于贡献，给人能量，但也需要智慧和能力去驾驭。相对于"钦佩"是一个人对另一个人特定的积极行为或具体的事项产生的情绪，倾慕则是对整个人的认可和产生的积极回应情绪。不同的文化背景为这种细腻的情绪晕染上不同的风姿。在西方文化中，它是美丽的邂逅、精神的佳偶，让人丰盈且有力量；在传统中华文化中，它是委婉含蓄的淑女或少年，永远戴着一层透明的面纱，让人看不清其精致的面容。这一情绪比纯粹真挚的友情多一分情爱，比浪漫狂热的爱情多一分理智，比亲情多一分仙气、少一分烟火。

倾慕的本质是积极的，其本身并不包含消极情绪。但这种情绪可以转向或引发与消极情绪的联系，尤其是当关注点聚焦于自己时。当人们可能认为自己缺乏重要品质或技能且不如他人时，则会助长伤心、害怕或羞愧等情绪。看重理想的人，会倾慕那些比自己优秀强大，同时代表理想且名副其实的人。但他们也会对那些与自己相似，代表理想，却德不配位的人嗤之以鼻。倾慕和嫉妒没有联系，因为被倾慕的人并非现实中用来比较的标准。倾慕情绪的一个主要功能是创造和维持社会凝聚力，因此，如果嫉妒存在于倾慕者中，则会使得倾慕联系的群体和其功能崩塌。

这种可遇不可求的情绪在善于说清楚讲明白的西方文化氛围里，人们往往更倾向勇敢地表达出"I adore you"这一情感。而在容易把很多种情感混为一谈，且习惯只可意会不可言传的传统文化中，人们似乎更倾向于将这一情绪藏在心里，弄到最后不清不楚反而造成不必要的麻烦。现代文明社会中，倾慕情绪常常出现在庸碌生活中让人眼前一亮的人或事身上，蕴含敬佩和喜爱，促使人希望去亲近了解，去分享美好的事物认知和世界的光亮。随着生活节奏的加快，准确感知这种情绪非常重要，有时候也需要准确恰当地表述出来，只是要注意是否与其他情绪有叠加以及如何妥善处理。

受制于保守的传统文化，接受和尊重这一倾慕之情并非易事，这里也并不企图去展开探讨倾慕、爱情和婚姻的复杂关系。但至少可以告诉大家，这是一种正常且独立的情绪。倾慕是一种喜爱，不能因为沉迷过度而转为内心痛恨。倾慕带给人的是美好的祝福或被认可赞赏的快乐，带给自己的是一种欣赏美好、接近美好的欢喜。倾慕不是痛苦，不能因为"倾慕至极"而给他人和社会造成伤害。现代社会的文明自由和多元开放拓展了人们的交际圈，信息时代也加快了人们的生活节奏，人们的情感也更加丰富、细腻。这样一种中性的积极情绪客观真实地游走于很多人的内心。它不是虚无缥缈，也并非避不可谈，快速的生活节奏需要我们直面这位神秘的精灵，揭开那层遮掩在我们内心的面纱。只有对它有一个客观的认知和理性的把控，才可以让我们更坦然地去面对和接纳，让我们不再或畏缩或纠结从而更加开朗快乐地生活。

情绪的侧画像

"没关系，这边剩下的交给我好了，放心！你把下周五的活动方案再过一遍。"吴蕾坐在自己的工位上，轻声对电话那头的同事交代着工作。温柔的音质让自己都意识到有些不对。

"喂！你谈恋爱了？"旁边的张铭待她放下电话后探过头来问。

"谈个头！你真烦人！"吴蕾把张铭推开，笑容中的一个无意的微表情暴露了她粉紫色的内心。可就是这么 1/25 秒的羞涩笑容，让张铭看穿了，继续追问道："说，看上谁了？"

随着张铭的追问，吴蕾脑海里浮出一张人脸，那人轮廓清晰硬朗，笑容温和，眼睛不大却闪着光……吴蕾看着眼前这个从大学就一起厮混的同事，感觉什么都瞒不过她，慌乱中打消脑子里的人影。

"真没有！……"支支吾吾一番，吴蕾再次推开张铭。张铭回到工位，留给吴蕾一个"我会自己找"的眼神。

吴蕾整理了一下思绪，确实没谈恋爱，也真心不想谈。但并不影响每次见到他的愉悦心情，那种不期而遇的惊喜，夹杂着敬重、赞同。这种情绪总带给人灵感，让她享受到婴儿酣睡时的满足，提起时还有些羞涩。每当两人彼此靠近时，她就会内心愉悦且胸口温暖，这种朦胧的情感清新淡雅、颜色明丽。粉色是爱慕，紫色是理智和脱俗，白色是清澈，黄色是温暖。在她心中，这份情感高于质朴的友情，没有庸俗和杂念，纯粹的喜爱，靠近让人喜悦，付出更让人喜悦。

抽象的色域绘画风格往往更能表达出情绪的样子，深入生命本质。马克·罗斯科专注哲学命题，他的《白色中心》以白色居中，夹着黄色、桃红和玫瑰紫，色块仿佛悬浮于背景之中，让人感受到宇宙和宗教的存在。极为精简的构图之上，色彩的感觉被无限放大，散发出具有象征意味的奥妙的美感，令人倾心。

白色中心（White Center—Yellow, Pink and Lavender on Rose）

作者：马克·罗斯科（Mark Rothko, 1903—1970）

年代：1950 年

尺寸：205.8cm x 141cm

材质：布面油画

藏地：卡塔尔王室谢赫·哈马德·本·哈利法·阿勒萨尼收藏

◉ 6.3 审美欣赏·治愈

凌晨两点，宫晨熄灭了公司的最后一盏灯，点开手机里的打车软件，约了一辆车准备回家。他看着手机里的地图上显示着网约车和他的距离，手机屏幕的光返照在他毫无表情且比同龄人苍老许多的脸上。他这些年总是这样一张脸，似乎总觉得现在的生活中缺少了些纯粹美好的事物。他喜欢大自然和植物，可小区门口那一排行道树让他始终提不起兴致；他喜欢美食，可常常吃的快餐让他觉得味同嚼蜡；他喜欢艺术，可张牙舞爪的工作变着法地用机械的方式碾压着他，还有身边毫无审美概念的人。

周六加班完成了一些零碎工作，晚上宫晨便带着妻子直奔自己想看很久的一场音乐剧。坐在一层 12 排正中稍偏右侧一些的观众席上，他能感受到演员的每一句台词都饱满、清晰且富有张力，他能感受到前面乐池里乐队的伴奏铿铿地敲击在自己的心脏上。宫晨稍稍伸展双腿，想要让自己完全沉浸在这艺术的美感中去。可不知为什么，他再也没有大学看剧时那种浑身战栗的舒畅感了，那种全身心被包围的震撼，满脑子都是那挥之不去的项目进度、错误细节和备用方案。这一刻他惊讶地发现，自己似乎已经感受不到美了，而不是生活中缺少美。

3 个月后，宫晨裸辞了。他不喜欢这样的生活，尽管看起来高高在上、前程似锦，但这都是别人的认知。他不想 40 岁死、80 岁埋。不久，当再次路过小区门前的行道树时，他注意到它们被精心修理过，每一个丫杈都灵活地与阳光的尾巴嬉戏，茂密而圆润的树冠散发出一种蓬勃的生气；他常去的一些快餐厅也时不时有些新产品推出，让人垂涎欲滴。他笑了笑，或许，这个周末应该再去看一场音乐剧。

坐在家里的书桌前，侧头透过左侧的落地窗看向远处的西山，宫晨不禁开始思考：美到底是什么呢？是我们发现了美，还是我们创造了美？他突然明白：所谓美的享受，并不是存在于音乐剧、甜豆花或是街边的风景之中，而是存在于他自己的心中。他转身看着窝在客厅沙发里看书的妻子，觉得她今天似乎有哪里不太一样。他托着脑袋仔细看了半天，突然说："你换新发卡了？还挺好看。"妻子回过头，挑眼打趣地看着他："刚发现？说卡子还是人？"

自人类文明诞生以来，人们对美的热爱与追寻便始终贯穿于社会生活之中。对于大多数人来说，"美"的概念是模糊而又清晰的。如何去界定"美"？我们对"美"的感受是如何产生的？一方面，千百年来，无数哲学家为这些本质性的问题争论不休，却又莫衷一是；另一方面，生活中的美往往是触手可及的：大漠孤烟、山色空蒙的自然之美，高山流水、余音绕梁的艺术之美，对酒当歌、采菊东篱的生活之美……在追求美的过程中所获得的情绪体验，我们称之为"审美欣赏"（aesthetic appreciation）。如同"美"本身一样，对"美"的欣赏是一种既纯粹又复杂的情绪，它往往以愉悦为基调，同时又因欣赏对象的不同而伴有震撼、沉醉、享受等种种更加细微的心理感受。

面具下的情绪精灵

审美欣赏作为一种情绪，通常解释为对音乐、文学、舞蹈、美术等艺术之美的欣赏，当然，如果一个人在你的眼中美得跟艺术品一样，也可以对之产生审美欣赏的情绪。因为从广义上来讲，审美欣赏并不局限于对艺术美的欣赏，同时也包含对现实美（自然之美、社会之美等）的欣赏。进一步来说，审美欣赏并不来自事物的某种固定形式，而是来自事物的审美价值及其满足主体审美需要的程度，如爱因斯坦的质能转换方程 $E=mc^2$，因其作为等式本身的"简洁性"而产生的审美价值，同样能为人带去审美欣赏的感受。

目前学界对这种情绪是如何产生的似乎还没达成统一观点。通常情况下，人们会认为审美欣赏是当客体的审美价值满足主体审美需要时所带来的情绪感受，而其"内在愉悦感"是衡量主体审美欣赏情绪的重要标准。德国哲学家康德早在 18 世纪末就曾提出："美是那不凭借概念而普遍令人愉快的。"中国现代作家钱锺书在《围城》中从反面角度也表述了相似的态度："对于丑人，细看是一种残忍。"当然，一些混合情绪乃至负面情绪也可以成为审美欣赏的基础。例如，西方古代神话中的悲剧故事，往往能够用痛苦、矛盾等强烈负面情绪激发起读者对悲壮美的感知。就好像在戏剧或音乐中，利用冲突激发欣赏者的紧张情绪，此后冲突的化解往往会比平铺直叙的艺术手法更能够为欣赏者带去强烈的审美体验。归根结底，对审美欣赏的感知与主体的注意力、记忆和情感投入紧密相关，而适当的混合负面情绪往往会使主体的感受更加强烈，从而提升了审美欣赏中愉悦感的强度，成为更加丰富的审美情绪。

在积极感受与消极感受这一维度之上，审美客体的新颖度也通常被认为是审美欣赏情绪触发的关键因素。有研究表明审美客体"新颖度"与"熟悉度"的结合会带来更大的审美吸引力，比如有些电影爱好者会反复观看喜欢的电影，戏曲票友能把一段戏从小唱到老而不会感到厌倦，这是因为每一次重复过程中都可能发现新的细节或是进行新的艺术加工，审美欣赏在这种新颖与熟悉的平衡中被不断唤起。

审美欣赏也是一个移情的过程。神经美学学者 Hofel 和 Jacobson 提出，审美加工可分为感受阶段、中央处理阶段和产出阶段三部分，审美欣赏情绪的产生包含上述一个或几个阶段，以此为依据可将其划分为审美判断（aesthetic judgement）、审美沉思（aesthetic contemplation）和审美分心（aesthetic distraction）三种类型。其中，审美判断包含审美加工完整的三个阶段，即不仅要感知到客体的审美价值并对其进行思考，也要产出相应的外显反应。审美沉思包含感受阶段和中央处理阶段，但不一定要做出外显反应。审美分心则是指当客体的审美价值远超一般事物时，人在无意识状态下被客体所吸引，因此只包含审美加工一个阶段。

作为积极情绪的基本形式之一，审美欣赏与"钦佩""着迷""倾慕"等情绪联系紧密，且有一定的衍生关系。当我们将人本身作为审美客体时，欣赏与倾慕等情绪是可以相互叠加、共同存在的。例如《诗经·卫风·硕人》中写道："手如柔荑，肤如凝脂。领如蝤蛴，齿如瓠犀。螓首蛾眉，巧笑倩兮，美目盼兮。"作者极尽修辞，除了从审美意义上表达对庄姜容貌和情态的欣赏，更饱含着对她深深的倾慕之情。这些外貌、仪态、气质、生活态度与生活方式等具有审美价值的特征，同样可以作为"着迷"与"倾慕"的共同基础。在《高山流水》的故事中，从"峨峨兮若泰山""洋洋兮若江河"所慨叹的艺术美感，到"子期死，伯牙谓世再无知音"所传递的真挚情谊，以物为对象的审美欣赏突破了客体限制而转移到审美价值的创造者身上，进而衍生为一种人对人的情绪。《琵琶行》中，白居易在仔细倾听琵琶女的身世后再闻乐声，则"江州司马青衫湿"，同样是一种因审美欣赏而衍生出的惺惺相惜之情。

情绪舒展

在信息技术越来越发达的现代社会中，人们逐渐回归更加关注自身的精神文化生活。看一场电影、听一场音乐会、搭上早班飞机去寻找不曾触及的风景，美好的事物为我们带来审美上的欣赏，而审美欣赏则是让我们的精神需求不断得到满足的源泉。同时，在强调人的个性发展的大背景下，社会审美价值发生分异，拥有相近审美倾向的人自发形成新的共同体，审美欣赏能力已逐渐成为区别个体、社交圈乃至阶层的重要标志，在此基础上形成的"品味"概念，将个体的审美情绪上升到集体的审美价值观，是现代人际关系中必不可少的一部分。在审美过程中，我们往往会自然地将关注点落在欣赏对象上，而作为人与美好事物间的沟通桥梁，"欣赏"这种情绪本身其实同样值得我们探讨与把握。

面对疲惫与孤独，审美欣赏是拯救情绪的一剂良药。和其他大多数情绪不同，欣赏并不一定由外界刺激被动产生，通过主动创造适宜的条件，我们可以提升获得审美体验的频率与强度。一方面，审美欣赏的产生与主体心态以及基础情绪密切相关。王国维在《人间词话》中写道："有我之境，以我观物，故

物皆著我之色彩。"从审美角度去理解，这意味着我们能否从现实美中获得审美欣赏、能够获得怎样的审美欣赏与我们当时的情绪状态密切相关，文艺美亦是如此。当愤怒、恐惧等强烈的消极情绪占据主导地位时，我们对美的感知自然会变得迟钝，也难以从审美过程中获得愉悦的欣赏体验。因此，保持平和的、积极的心态是审美欣赏产生的重要条件。另一方面，审美欣赏的前提是客体的审美价值与主体需求相符，因此，"敏锐的感知"与"准确判断事物审美价值的能力"是帮助我们获得更丰富的审美欣赏体验的重要推力。通俗地说就是要有一双"发现美的眼睛"，尤其是应尝试从生活方式、社会现象等非常规但又常见的审美客体中提炼美学特征，从而增加获得审美欣赏情绪的机会。这也解释了为什么有些人每天会在俗不可耐的环境里活得乐此不疲。

"审美欣赏"是一种情绪，也是一种可以培养的能力，它可以用来对抗一些不良情绪，能为他人创造一种审美欣赏的愉悦感，同时也在人际关系中发挥着重要作用，毕竟人对真、善、美的追求是基本统一的。就个人层面的表述而言，在言语表述方面，可以大方表述出对美好事物的赞美，但尽可能具体，如："这幅画的线条好优美，机理很丰富……"或"这首曲子好有力量，作词和作曲肯定下了不少功夫……"抑或是"他脸上的轮廓好清晰，非常立体，真好看……"。非言语方面，尽可能做到在着装、气质和生活情趣上的升华，从而提升审美"品位"。例如，根据自身的条件选择托衬自己魅力的着装，注重细节、品质和穿戴妥当性，适当在应用上有些新颖的小变化。此外，在日常工作扮演的角色之外，可以尝试完全不同的高质量着装风格，或适当培养一些有趣的爱好，让自己和他人都暂时脱离那个"熟悉"的印象，感受到自己更加立体的生活情趣。

简单来说，多看美人、美景、美好事物，定期洗洗眼睛，多学习丰富多元的人文艺术，定期看展、读书，拓展审美的宽度和深度，都是提升整体审美鉴赏力的途径。毕竟审美和知识没有直接联系，没有恰当的审美，生活则露出最务实粗俗的一面，而极致追求实用的背后，生活也将无趣枯萎。正如木心先生所说："没有审美是绝症，知识也救不了。"

情绪的侧画像

　　西西里岛一直有一个美丽的传说：一片漂亮的大贝壳漂浮在碧波荡漾的爱琴海上，波光粼粼，花瓣从天空坠落。贝壳底上站着纯洁而美丽的维纳斯，她身材修长，容貌秀美，微屈右腿的身体向右微微倾斜，一头金色长发被海风轻轻吹散，她的皮肤光洁剔透，双眼凝视着远方，美丽的面庞略显出某种淡淡的迷惘。翱翔于天上的风神轻轻地将贝壳吹到岸边，等候在岸边的春之女神正张开红色绣花斗篷，准备为维纳斯换上新装。

　　依照新柏拉图主义的哲学思潮，美不可能从非美中产生或逐步完善，只能是自我完成且无可比拟，美是不生不灭的永恒。换句话说，在某种程度上美就是美，不美就是不美，丑就是丑。审美情绪有它的客观性，因为人心和基本情感是相通的，所以对美好事物的感知和向往也是相同的。大多数时候，人们不是不愿意选择美的人或事，只是贫穷、无知、狭隘和懦弱限制了追求美的步伐。

　　当然审美也有一定的主观性，教育、文化、成长背景和价值观都会影响审美判断，从而影响审美情绪。长期工作生活的环境和习性更是直接影响着人的审美，而当一个人习惯了身边常见事物和人的模样，再叠加其他情绪或事件的刺激，就会容易出现"情人眼里出西施"的状况。丑不自知是一件很可怕的事情，就好像傻子永远不知道自己有多傻，没有审美的人则永远不知道自己病得有多重。面对快速发展的多元社会文化，不固执于陈旧的思想，不拒绝新兴事物和文化，用宽广的胸怀去接受、去追求、去尝试，必然会帮助拓展自己的审美判断，活出更高境界的自我。

　　大千世界中美丑自有人去评判，抱着一颗纯净的心，不断用美好的事物去清洗自己的双眼，才能发现、看到、体会更多的美。即便不同的文化、背景、鉴赏能力对美有些许不同的观点，但整体方向大致是一样的。

维纳斯的诞生（Birth of Venus）

作者：桑德罗·波提切利（Sandro Botticelli, 1445—1510）

年代：1485 年

尺寸：172.5cm x 278.9cm

材质：木板坦培拉

藏地：意大利佛罗伦萨乌菲齐美术馆

第
7
章

奇幻之旅

　　"性欲"和"浪漫"都是会让人去探寻触动心脏脉搏跳动的感觉,去追求幸福快乐的感官体验。好比一场华丽的冒险,不到真正投入其中的那一刻,没人知道真正的感官体验究竟是好是坏。毕竟这一切和所有的一切都可以没关系。对于后知后觉的人来说,或许直到回想一段"旅程"并意识到自己嘴角上扬的笑容,才真正感知到这两种情绪为他留下的余温。

　　积极的情绪总能给人带来美好和力量,但"性欲"和"浪漫"这两种情绪却个性十足:一个高贵、傲慢,不屑眷顾一些肤浅的灵魂;一个野蛮、霸道,想要操控每一副皮囊。它们似乎喜欢玩弄那些不了解它们的人,当它们俩给我们带来极大困扰和痛苦时,或许就是到了该拓展自己的时候。去增长智慧、强健体魄、开阔心胸和视野,学会更好地与之相处——学会自己放过自己。

　　真诚的情绪绽放和体贴地付出是体会"旅程"美妙的必要前提,而把握分寸、不断成为更好的自己却是让其积极一面不断发光发热的重要条件。这里的逻辑是：在一段会触发性欲和浪漫的关系中，只有当你拥有足够智慧的大脑和强大的内心才不会桎梏于自己及对方的自私与贪婪，从而才能更好地体会这段情感。我们为爱勇敢，是希望去汲取和享受情感所带来的能量与温暖，从而更好地生活。但沉迷于它或不断地失去自我，则是被其操控为之癫狂的前奏。对未婚的男女和已婚的夫妇都是如此，情出自愿、爱过无悔的华丽建立在双方独立且强大的文化基础、教育基础、经济基础等方面之上。很多人，可能永远都不会懂。

◎ 7.1　性欲·世外桃源

城市里的万家灯火在深蓝色星空的托衬下格外鲜明，港岛山顶的一处公寓袤澜着夜幕下的维多利亚港湾。白色纱帘在柔和暖光的照射下透过宽敞的落地玻璃让屋内的一切若隐若现，一抹黑色蕾丝睡衣裹着紧致纤细却玲珑有致的身体倚躺在咖色皮质的转角大沙发上，认真听着旁边的男人用他低沉磁性的声音说着什么，并时不时咯咯笑出声来。他的大手轻揉着她瀑布般乌黑的长发，她纤长细嫩的手指尖也不老实地游走在他坚实有力的小腹上……

虽然结婚多年，但他和她依然可以从彼此发光的眼神里看到又一次九霄云外灵魂交织的期待。他懂得把控区分对性本能的肉体需求和饱含情爱的身心交融，就好像一顿碳水化合物的餐食和一席高蛋白高营养的均衡膳食。她懂得制造情趣调整状态，从不潦草地让纤细的身体、平等的人格和自由的思绪充分投入每一次期欲。

情绪往往是人受环境和客观变量影响产生的生理、心理和精神上的表现，而欲望通常是人对外界产生影响的感受和需求。当对性的欲望成为一种情绪时，它是一个多维度系统的驱动力，可由无数的生态刺激、社会刺激、心理刺激以及物理刺激激活。性欲系统的激活开启了与适当的对象去发生鱼水之欢的开关，而这一过程伴随着相关神经丛的兴奋并且产生特定的行为指令。

长期以来，许多科学家一直认为性驱力是一种独立的情绪系统，它驱动着不同级别的身体和精神的交互与结合、不同境界的关系的建立。其中，最难能可贵的一类则可以驱使人们通过融合去创造爱，超越身体和心理去感受世界与宇宙。这种情绪帮助产生强烈且美好的化学物质，也是现代社会中"真爱"的组成部分。当然，这种蕴含巨大能量的情绪和感受不一定每个人都会体验到，即便有过体验也不一定永远拥有。这里不企图去探析性和爱的关系，也不打算从深度或广度上对这些学科展开讨论，仅希望围绕情绪，给大家一些理性又不失感性的了解与启发。

面具下的情绪精灵

性欲（sexual desire）是指在一定刺激条件下产生的与性有关的各种欲望，也是一种在进化过程中出现较早的系统，具有独立的神经环路。人类对性行为的追求，根植于种群繁衍存续的根本目的。在达到性高潮时，人的大脑分泌的多巴胺将达到正常状态下的近百倍，这种强烈的正向激励使人类始终保持着对生殖行为的渴望，进而保障了种群个体数量的增长。在现代社会中，这种情绪涉及很多复杂的问题和状况，人们往往通过外部环境，以及自我心理的刺激激活这一系统，从而引起一系列的性表现及行为。性欲和其他独立情绪一样，反映人的一种状态，也侧面反映其生活的品质和状况。简单来说，性欲不直接和与另一个人发生性行为挂钩。作为一种情绪，仅是反映身体荷尔蒙的高低、精神和情感的变化。

性欲情绪的产生出于人类的本能，亦成为性驱力，或是力比多（libido）的一种，代表着能量和生命力。在当下社会中，性欲不仅仅是纯粹的生理导向情绪，而往往是与环境、心理等因素交相辉映、杂糅而成的复合型情绪。在生理方面主要涉及两个基础：其一是下丘脑、垂体、性腺轴所组成的性神经内分泌系统，它通过控制人体性激素的分泌水平，保持性欲望的基本张力。其二是中枢神经系统，在性接收器感受到性刺激后，一方面将冲动传入脊髓的初级中枢，引起性器官的兴奋；另一方面将冲动最终传入大脑，直接产生性欲。而这种由外界刺激产生的即时的性欲，则更贴近于我们所要研究的作为情绪的性欲。

在心理方面，不少学者认为性欲是一种愿望、一种需要，是一种动力和生命力。随着人类文明的诞生与发展，性行为作为一种特殊的生理过程，不断被赋予丰富的文化内涵与社会内涵。而性欲也从最初纯粹的生理需求，逐渐转向包含心理需求与社会需求的复杂情绪，而情感因素至关重要，尤其是女性。相关研究表明，女性性欲的影响因素不仅包括个体生理因素，还包括个体认知因素（性道德、性观念、既往性经历等）、性对象因素（情感、新鲜感）、环境因素（社会环境、物理环境）等。也就是说，相对于男性，女性往往对情感条件要求会更高，对过程和细节也更敏感。一项实验研究曾让一些女性参试者观看两部性唤醒的影片片段，第一部是男性导演执导，目标观众群体是男性，内容简单粗暴服务于男性的性幻想；第二部是女性导演执导，目标观众群体是女性，内容缓慢细腻含有故事情节，并注重女性的人格和享受。尽管从医学记录仪器所测出的数据来看，两部电影片段对测试者的身体唤醒程度差不多，但大部分女性表示她们反感、厌恶甚至恶心第一部影片，并不会产生性欲情绪；而第二部影片会让她们有身体反应并产生积极的兴趣。

性欲与其他情绪的叠加关系丰富且复杂。这其中包括：青春期发育中的少年往往在感受到性欲的同时也会产生对性的困惑和好奇；随着对性了解的不断深入，这种好奇可能被渴望所取代。没有接受正确教育的人往往在自身产生性欲时，会感到羞耻和愧疚，从而不能体会性高潮所带来的单纯愉悦感；而那些曾经经历过强迫性性行为的人，可能会在自己产生性欲的同时感受到对性的恐惧与厌恶。在所有这些情绪关系中，最常见也最受关注的可能是性欲与爱之间的组合，从中文词语"性爱"中就可见一斑。因此由浪漫情绪而自然产生性欲，这是人们对两性关系的美好期待。然而相关研究表明，人与人之间的性吸引与浪漫吸引尽管有联系且常常相互作用，但它们在功能上是独立的。简单来说，性吸引包含与对方产生身体接触的欲望，而浪漫吸引则更注重与对方产生浪漫的关系。换句话说，性吸引可以是浪漫吸引的组成部分，但并非必要条件，"无性恋"群体的存在恰好在实践层面验证了这一点。

情绪舒展

性欲和性行为虽然相关，但却是两码事。一个是一种情绪，且可以仅是一种情绪；一个是一种行为，且可以仅是一种行为。行为是情绪外向的一种选择，且仅是一种选择。有灵魂高度的人和动物不一样，识别情绪是种高阶能力，清晰定义并为更有品质的生活状态作出选择取舍更是一种能力。随着社会文明程度建设和性别平等的发展，未来这两者的区分也将更加明显，人们也将根据更完整的科学体系去理性认识这个领域，从而更清晰地意识到自己权利、意愿和生活质量的重要性。相对于性科学（sexology）的复杂的分支和跨学科研究，性欲作为一种情绪则单纯简单很多。它没有性学中过于复杂的过程因果分析，也没有生物学科里的交配繁衍、人类学里的行为和发展、医学里的病理问题、公共健康学中的卫生事项、人文学的情感和文化、法学里的伦理和法规、社会科学的关系与纽带……即便是八竿子打不着的工科，顶多也就是在制作性支持工具上有点关系。当大家从不同学科领域去了解这门学科时，逐渐会明白曾经混为一谈的事情和自认为驾驭得不错的鱼水之欢其实非常深奥复杂。

"性欲"这种情绪霸道不讲道理，就像一个孩子说哭就哭、说闹就闹。它的出现能让人在重要的场合心猿意马，无法专注地去做自己的事情。如果这种情绪一直无法有效地疏解，则会造成效率低下、烦躁、苦闷、难受。但当你与它和解，你会发现这个"孩子"的天真、可爱、活泼、乖巧，以及其他东西不可替代的美妙。现代社会中，两个人之间的高质量性爱体验美轮美奂愉悦身心，但若想长期保持高品质的性乐趣，则需要智慧、尊重、理解、忍耐、包容、情趣等条件。从情绪引导角度出发，当这种情绪得到友善对待，人们会觉得自己精力旺盛、富有吸引力，自信心也随之增强。美国高级性学研究院（IASHS）一项对"性与健康"的研究发现：具有主动活跃的性生活的人，更少焦虑、更少抱怨，自信心相对更高。以下一些方式和方法或许带给大家一些启发，而更多的专业引导和知识可以通过成熟的学科研究和文献查找。

生活中令人感到糟透的事有很多种，而高兴致的性欲（积极情绪）碰上要死不活的性行为（消极）应该能排到前几位。与心爱的伴侣，怀有饱满性欲情绪的欢爱值得期待和向往，不然则容易成为仅是肉体的发泄或精神的迷惘，尤其是对于完成社会繁衍任务的人来说更是如此。因此，当这种情绪开始霸道无理时，可以尝试与它交流，商讨解决办法。无论是通过亲密的伴侣或精致的工具满足它，还是通过唤醒其他情绪去避开它，在以不伤害任何一个人的身体或心灵的基础上，去与它和解。很多情况下，这种情绪就是跟你使使性子而已，一会儿就过去了。

当这种情绪开始闹脾气跟你捉迷藏，长期不理你而影响到一段关系和情感时，或许可以通过一些非言语表述来唤醒它，从而为爱保鲜。例如，创造舒适唤醒式的环境，如柔和的灯光、轻软的靠垫、好闻的香薰、轻松有趣的话题，甚至适度的酒精，让自己放松。如果幸运的有一个有意思懂浪漫的伴侣，可以和对方一起制造些情趣，如穿上性感诱人的衣物刺激视觉，喷些迷幻的香水刺激嗅觉，放轻音乐刺激听觉，再由伴侣轻抚触碰非性器官的敏感部位去刺激触觉，甚至用安全的道具和小游戏刺激整体感觉。

在表述方面，性欲情绪或许是所有情绪里唯一一个不适合直接用言语表述的情绪。无论用什么代名词，简单粗暴的言语表述都会显得自私、粗俗、没礼貌。因此，通过非言语的铺垫，然后用彼此适当的话语询问会好一些。这里的重点是尊重。很多人会愚蠢地把情绪和行为混为一谈，从而出现行为或情感的暴力。但即便是在婚姻法里，也没有一条指出一方需要在另一方有性欲情绪时必须提供配合。简单来说，这是一个需要智慧和情商来驾驭的情绪。

情绪的侧画像

"那你这两天都忙什么了？累不累？"摇晃着红酒杯，看着深石榴红的液体缓缓地从杯壁流回去留下一道道起伏的酒痕，坐在书桌前的林熙轻缓地问着电话另一头在外地出差的老公，有一搭没一搭地听着他的回复，手边电脑还不停地跑着今天的数据。

右侧 4 米宽的落地窗慷慨地让夕阳洒进宽大的书房，酒红色番龙眼地板在光照下显得更加厚重好看，好像在叫板着桌上的石榴红。林熙慵懒地轻扭脖子，坐了一下午，要不是接这通电话她应该还在敲着键盘。侧过头，眼前楼宇的霓虹灯漂亮地闪亮着 CBD 的节奏，远处的西山也依然清晰优美。

"想我了吗？"电话那头传来愣了吧唧一句话。

林熙挑了一下眉，意识回到电话上："……你说呢？"

"……"

"孩子送我爸妈那边去了？"

"是啊，周末我得把手头的东西弄完了，下周给领导看。"两人又开始有一搭没一搭地聊着天。

"好了，不跟你聊了，你也忙去吧，晚上别喝太多。"林熙的眼睛回到电脑里刚跑完的数据上。

"行，你也别太累！睡不着给我打电话，我给你讲故事。"电话里也传来关心的嘱咐。

"OK"，似乎想到了什么，林熙脸上释放出一抹坏笑，然后支吾了一句，"……我想你了，等你回来。"

如同康定斯基定义的现代抽象艺术，好的性欲情绪一样触及人类灵魂。《构图八号》运用最基本的几何形状和色彩饱满展示着整体的和谐，元素彼此协调，同时互相抗衡地分布于空间中，审慎地达到整体性的协调感。在他的艺术作品中可以看到自由与约束的对比，可以感受直觉表现和有意抽象形式间的关系，或许这也侧面反映了现代社会人们的性欲情绪。

构图八号（Scenery in the Grand Tetons）

作者：瓦西里·康定斯基（ВасилийКандинский Wassily Kandinsky, 1866—1944）

年代：1923 年

尺寸：140cm x 201cm

材质：布面油画

藏地：美国纽约古根海姆美术馆

◎ 7.2　浪漫·相濡以沫

七月流火，蒲公英最多，一大片、一大片，风一吹，漫天飞舞。太阳照下来，阳光似乎穿透不了那些绒毛，呈现出一种朦朦胧胧的感觉。蔚蓝的天空被托衬得更加清澈，天地好似浑然一体，如若仙境一般。风轻轻吹在脸上，白色的绒毛也随风飞起，他回首望向不远处的一个人。

当他闪烁的目光望进她的眼睛时，心底的欢喜、期待、紧张、享受，像孩子一样真挚纯朴的情感也都一并传递过去，通过她柔和明亮充满笑意的眼睛传到心底，他不可自拔地沉浸在她自然柔美的眼神中，体会这一刻的浪漫，希望储存在记忆深处成为永恒。

浪漫不是形式上的鲜花、音乐、烛光和沙滩，而是一种可以通过这些外界环境输入去营造的内在情绪，重点在心灵感受！或许可以理解为：一本正经做不着边际的事，让人情不知所起，一往而深。

浪漫是一个人的情感感受，也是对外界行为的一种极其具象化的表现。不限于恋人，甚至不限于人。换句话说，与好朋友一同跳伞潜水看日出是一种浪漫，与同事齐心协力不分昼夜地共同完成一项任务也是一种浪漫，与恋人相偎相依是一种浪漫，独自领略山川河流美景也是一种浪漫。浪漫的本质包含刺激，当然是良性的刺激，能给人带来持久的情绪波动和起伏变化。就像打了麻醉针一样，在此之后的一段时间里，世界万物都更加绚丽多彩。简单来说，浪漫是智力和情感上的一种深层次连接，不仅限于爱情。

当下现代文明的社会让人们有机会去追求独立的精神、自由的思想和多元的生活方式。民政局的一些新标让很多人耳目一新："婚姻不一定幸福，单身也不一定不幸福；出生时一个人，离开时也不可能两个人；爱情是奢侈品，没有也行。"虽然概念和逻辑有些混乱，但也清楚阐述了一个先进强大的信念和一个发达社会才有的自由和平等。我们无法想象和讨厌的人漫步夕阳西下的沙滩，也不愿去设想和令人作呕的人共进晚餐，无论海边沙滩的沙子多么细腻柔软、晚餐的食材多么新鲜、环境多么优美，估计那样每一步都会走得很艰辛，每一口都会很难下咽。浪漫是一种介于绝大部分有显著特征情绪间的情绪，即是与爱相关的兴奋和神秘感。这样爱驱动的情绪往往很容易具象化，即在满足温饱的基础上，一种富有诗意、充满幻想、不拘小节并具有一定骑士精神的形象。在人际关系中，浪漫的情绪能增加人的社会行为，如男女或夫妻之间的真诚和忠实，并有难以伪装的情绪信号，如心动过速、失眠、心神不宁、魂不守舍。

面具下的情绪精灵

"浪漫"一词典出 romantique，词根是法语 roman，之后衍生出 romance 这个词。浪漫的概念源于西方文化中的宫廷爱情，最早用来描述中世纪的骑士与贵族女性之间非身体和非婚姻的关系。狭义上的浪漫来源于 19 世纪 20 年代至 19 世纪末，诞生于西欧的浪漫主义，这里的浪漫特指对现实世界感到不满，对未来充满期望和追求，理想远大，不甘堕落的个人英雄主义情怀。这些关系是高度复杂和仪式化的，其复杂性深陷于传统的框架中，其源于从骑士精神衍生出的礼节理论作为一种道德行为守则。

浪漫作为一种情绪与个人成长背景和文化紧密相关。这种情绪受到外界因素的影响非常大，在看到一个美好的事物、一段描绘甚至一个人，或突如其来的心动或生活中小幸运，在一定的条件下能够发展出浪漫关系的情绪，不受理性控制产生。这些情绪也会伴有一些生理反应，如心跳加速、面红耳赤，抑或舒适平静、心旷神怡等。浪漫情绪有强有弱、有深有淡。情绪如果持续或加深，有可能会驱使行动，如视线被吸引，想着她，想见她，想吸引她注意，想和她互动，想了解她的一切。此处再次强调，浪漫情绪不限于异性恋人之间。

浪漫情绪通常是一个被动接受、主动感受的过程。这也对应了那句："We don't chose who to love, it happens."即根据个人心境，好像我们无法选择去爱谁，当沉浸其中，爱意自然发生。浪漫情绪对于自己被吸引的地方可能同时包含明确和不明确的部分，从而形成更整体的感受。从心理上来说，浪漫和其他情绪融合比较多。"浪漫"本身作为由本能和爱触发的情绪，具有很强的外向性，从而容易受环境影响导向两个性质，所以在产生浪漫情绪的时候，很容易对应地产生其他相关情绪。作为一种积极情绪，浪漫本应给人们带来力量，但很多人往往因不懂"浪漫"的本质或过于擅长与其他情绪和行为关联，从而导致应用不当、脱离于现实，最后渐渐变得空虚和失落，带来不必要的痛苦。

有心理学家认为浪漫的爱情与热烈或痴迷的爱情不一样。当爱情给人们多巴胺和多种强大的大脑化学物质、给人力量的时候，前者有着后者的情感强度、相关度和化学反应，但不至于痴迷。而痴迷的爱情往往包含焦虑和不安全感，不能接受失败和拒绝，是一种心理疾病。浪漫这种情绪既有"天生"的成分，又有后天培养的可能。对于浪漫情绪富足的人，往往感受力比较强，很有可能在"共情能力"上有一定的优势，在人际关系中能够比较好地感知对方的情绪和感受。与此同时，也有可能因为这种较强"感受性"和"敏感度"而变得优柔寡断、小肚鸡肠，因此也需要调节。因为，不同于大部分依靠外界去感知积极或消极的单一导向情绪，个体的"爱"或"心境"是影响"浪漫"能否有效帮助提升人际关系的重要因素。简单来说，对于一个"消极"的人来说，可能越浪漫越"麻烦"，对于一个"积极"的人来说，可能越浪漫越"美好"。

情绪舒展

在当下社会中，人们往往将浪漫局限在爱情和恋人关系中，甚至仅限于恋爱前期。不断地体会并制造浪漫是一种能力，从而更好地利用这种积极情绪给人力量。恋爱中的浪漫情绪有着更为强大的魔力，无论单恋或暗恋，即便独自看到星辰大海也会倍感浪漫，有种范成大笔下"*愿我如星君如月，夜夜流光相皎洁*"的感受。当被恋爱情境的"浪漫"情绪眷顾，尽情享受这份奇妙的感受固然重要，但保持几分清醒也很重要。这里不是说在浪漫时故作姿态、保持严肃，而是在浪漫的时候充分享受浪漫，但对情绪和事件整体也有着几分清晰的思考。因为浪漫情绪会削弱人的一些理性思考和判断，而恋爱中"有可能"的承诺往往被当作一定，"不确定"的答复被辜负，最后沉迷于幻想，伤人伤己。所以，一些浪漫的话和事不必太放在心上，或许只是他在宠信你时用来助兴的。因此，大可去相信恋爱中浪漫情绪下的人对你说的"我爱你！"至少那一刻是真的，但之后的自动脑补、各种后续就显然是自己想多了。

爱情"诚"可贵，在智商过剩的年代，没有什么比诚挚的温柔更能够让人彻底缴械投降了。当然，走错的路要知道回头，选错的人要学会放手。毕竟每个人的时间和精力以及情绪都有限，浪漫是情绪里的奢侈品，并不是每个人都懂得真正地拥有。每个人对浪漫的定义不同，也接受很多人一辈子根本就都不懂，或许也不屑去懂这种心理和情绪状态，更别提什么拥有，因为这种情绪涉及个人性格、教育背景、生长环境、经济条件。但一个判断浪漫的基本准则是彼此双方是否珍惜享受共处时刻，眼里发生的光是否柔和闪亮。

浪漫情绪本身是积极的，但由于对该情绪独立存在的认知和理解不到位，或和其他情绪多层叠加而产生过度依赖，从而产生困惑则会造成消极情绪影响。例如，浪漫本身往往是一个外在环境和体验触发的内在情绪，但当叠加其他更为复杂的情感和情境在里面则让人容易产生不合实际的梦幻想法，而当这些期待没被满足则容易产生怪罪他人的情绪和状态。爱情里的浪漫情绪可以创造奇迹，也可以令人陷入盲目。脱离实际的幻想，超乎现实的理想化，容易失去绚丽的色彩。因此，美好的浪漫情绪往往需要清晰、诚恳和真实的思维为它保驾护航，从而让短暂的美好也能永恒。

浪漫主义强调直觉、想象力和感觉，所以会被一些人称为"非理性主义"。每个人都有属于自己的情怀，不论是对着日月祈祷，还是对着金鱼发呆，都可以很浪漫。它不是谁的专属，它属于每一个人。我们的现实生活中就蕴含了许多朴实的浪漫：春天的百花、秋天的明月、夏天的凉风、冬天的飞雪，当我们对"浪漫"不离不弃，它也必将生死相依。浪漫不仅仅是"琴棋书画诗酒花"，也可以是"柴米油盐酱醋茶"，重在心意和新意。简单来说，在哪里、做什么不重要，主要是看人、看心境，有星月寄望，独自游览山川也是浪漫。

言语方面的浪漫制造可以是轻柔缓慢的问候："你今天好吗？过得怎么样？"也可以是明确坚定："你的眼睛好美！清澈透明闪着光，还有什么故事没告诉我……"无论是立体的容貌、健硕的身体、磁性的嗓音，还是智慧果断的个人品质、清楚的言语表述都是制造浪漫的良方，也是增强彼此关系和信任的溶剂。在周而复始的忙碌生活中，浪漫的言语表述可以让乏味的生活绚丽色彩。换句话说，就是时不时地对心爱的人说不着边际的话，反复说，换着花样说。当然不能太假，即便能骗得过自己的意识，也骗不了自己的潜意识，最后弄得大家都不自在就没意义了。

非言语方面的营造浪漫方式非常多，也因人而异。一个人时，亦有独特的深刻浪漫，甚至穿越时空。例如独自漫步杭州西湖区的仁和路，峰回路转，抬眼看到秀美的湖水从城市的钢筋水泥中突然涌现出来，感受那扑面而来的浑厚气息和百年沧桑；沿小路向北走到白堤口，拥览青色山影作为背景的西湖，体会远处的层次以及近处湖边的种种故事。两个人时，多花几秒凝望对方的眼眸（眼神），多给几度上扬的嘴角（面部表情），多些轻抚和触碰（肢体），制造二人的独特浪漫，为有限的生命交织添加厚度。因此，浪漫可以是富士山下的樱花远足，也可以是周六早晨楼下街口的豆浆油条；可以是盛夏海边长沙滩的香槟夕阳潜水跳伞，也可以是深冬晚上10点多下班后一起涮火锅和送她回家的那段小路。

情绪的侧画像

一场瓢泼的大雨，张莉从容地驱车在这一眼望不到尽头的高速上飞驰着，似乎再快些就能穿越这片云彩，看到前面的彩虹。

从远处只见一部白色的保时捷718快速平稳地行驶在路上，往山里的方向开去。

不久后，前方呈现青蓝色的天，带着些雾气，阳光透过云朵射下来，托着浅浅的一道彩虹，后面的深山挺拔雄伟又不失温柔。

"真美！"她不禁自言自语，长长舒缓一口气，脸上也泛出欣慰的笑容。

去年的今天，也是一场大雨，她惊慌失措地躲入他的怀中，用力拥抱汲取温暖，似乎他的气息可以驱散失去妈妈的悲伤。

356天匆匆而过，她换了新的工作，购置了新车，和他相依相伴。但每逢有时间她也会独自驱车进山，感受山川的温柔，汲取大自然的浪漫和气息，让自己更加充实且充满力量。

艾伯特·比尔兹塔德笔下的河山壮丽、浪漫，给人无限力量，似乎可以瞬间瓦解那些不值一提的孤独和寂寞。作为"哈得逊河画派"最后一代的一名画家，他把美国西部的河山描绘出饱满绚丽的情感，或许是热尔曼文化给出生于杜塞尔多夫的他打上雄壮的烙印。

约塞米蒂谷的默塞德河（Merced River, Yosemite Valley）

作者：艾伯特·比尔兹塔德（Albert Bierstadt, 1830—1902）

年代：1866 年

尺寸：91.4cm x 127cm

材质：布面油画

藏地：美国纽约大都会艺术博物馆

第
8
章

无价之宝

　　人生只有一次，相对于烟花绽放即是坠落的珍贵，流星的动人之处则是陨落且盛开。流星的美丽虽然短暂，但在那转瞬即逝的一刹那已迸发它最大的光芒，迸发了它积蓄一生的繁华和惊艳。或许在历史长河中，人生也如此短暂，何不干脆利落痛快潇洒，不枉此行，哪有那么多下辈子。

　　情绪里具有"流星"性质的代表有"逗乐""兴奋"和"惊讶"。这些情绪从平凡中酝出璀璨，给人带来能量，以充盈饱满的状态展示着独特的魅力！它们的宝藏之处在于带你突破自己玻璃天花板的锐度，跳出深井的弹性和翱翔天外之天的童真。

● 8.1 逗乐·笑逐颜开

凌晨 2 点，偌大的办公室里，只有俪铭这一块的灯亮着。头顶上白炽的光和周围一片漆黑形成反差，似乎越亮就越能提高效率似的。这已经是第四版方案了。面对不满意的客户，甚至要求推倒重来，除了熬夜，她想不出其他办法。时间一分一秒过去，新方案却毫无进展，俪铭越想快点写完，脑子就越是空白，她已经不记得自己连续熬了多少天了。

"年纪轻轻熬点夜怎么了，你们去 KTV、蹦迪不都玩到凌晨三四点吗，怎么一到工作上就不行了？"想起白天部门主管一副理所当然的样子，俪铭的气就不打一处来。主管是个中年妇女，长期在这个要死不活的"副处"级别，升官没戏，公司也不轮岗，于是养成她拿着鸡毛当令箭的破毛病。自己见识和能力有限，有问题不解决问题，却总发挥充分的战斗精神给人上纲上线，每天一副全世界欠她 800 万美元的脸，当然面对她的领导除外。

随手打开音乐播放器，"……年轻人都不用睡，升不升职无所谓……废弃的心血堆成一堆，甲方全都是魔鬼……"俪铭突然被花粥轻快活泼的唱腔逗笑了，哼着小曲，灵光一现，重新投入新方案中。

第二天，要给客户做报告，或许是因为多日的睡眠透支，俪铭没有听到闹钟，所以起晚了。匆匆忙忙跑到公交车站，车子却刚好开走。赶紧打了个车，却在离公司几百米的地方堵上了。踩着高跟鞋，她摇摇晃晃地跑到了办公室，好在赶上了做报告。

送走客户，主管却黑着脸指桑骂槐："有些人还得注意一下专业素质，重视工作……每天只知道吃睡跟猪有什么区别……"一旁几个同事跟着哧哧地低声笑起来。

俪铭愣了一下，便冲进厕所，眼泪止不住地往下流。同事小琪也跟了进来，拍了拍她："好啦好啦，为了那个老妖婆不值得。不就是更年期吗，咱忍忍，就当精神上扶贫了。客户也真是的，想白嫖几套方案直说嘛，非得让我们一套套做。"

接着小琪一本正经地做出《甄嬛传》里华妃的模样，跷起兰花指对着门外，捏着嗓子说："贱人嘛，就是矫情。"逗得俪铭"扑哧"一声笑出来。她擦了擦眼泪，也学着小琪的样子说："赐她一丈红。"两人笑作一团，委屈被抛到了九霄云外。

逗乐仿佛魔杖，一点便能驱散阴霾。它是消极情绪向积极情绪转化的关键过渡，是压力释放的出口，能快速调整人的生理状态，也是绝佳的人际关系润滑剂。但这位小精灵晶莹剔透，以至于除非特别提及，不然则看不见它的存在。然而，若是长期忽视，它可能会离我们而去。感受逗乐、制造逗乐是一种能力，也是一种超级魅力。

逗乐是一种常见的积极情绪。它突然、短暂、唤醒程度高，常常与快乐、惊讶和兴奋共生共存。一句精妙的讽刺、一个滑稽的动作或一个搞怪的表情就能逗得人哈哈大笑。产生逗乐不需要付出巨大的努力，引发逗乐的事物常常也没有严肃的意义，因为"逗乐"本身就有降低事物严肃感的超级能力。然而，这种"无意义"恰恰是逗乐的意义所在。在紧张繁忙的工作生活中，人们需要短暂的放松和调整。在上面的故事中，一首活泼的音乐逗乐了俪铭，这种积极、高唤醒、低趋近动机的情绪增强了她的创造力，表现为灵感乍现，继续完成新方案。第二天，当面对阴阳怪气的领导责备时，同事小琪通过声音、动作和语言逗笑了俪铭，使其暂时忘记委屈，有效地调整了她的状态，提高了她抵抗挫折的承受力，也让她更加勇敢地去工作生活。

记得那些逗你笑的人，那些在黑暗中默默抱紧且给你力量的人！

面具下的情绪精灵

amusement 的字面解释为娱乐或者被逗笑的感觉。来源于法语 à muser，意为装疯卖傻。在英语中，muse 指认真严肃地思考问题，而 amuse 则是其反面，即不做认真严肃的思考。意思相近的词有享受（enjoyment）、幸福快乐（happiness）、大笑（laughter）和愉悦（pleasure）。

中文心理学的文献中，或许涉及南北语言文化差异，该词被译为"搞笑"。经综合考虑，这里用"逗乐"更为妥帖地表述这种情绪。因为"搞笑"一词似乎更多用于事物的形容，而非感受的表达，同时"搞笑"常用于口语，而非书面语中，也难以表现因为幽默而被逗笑的感受。"逗乐"中的"逗"体现出 amusement 自带的对象属性——总是被什么逗笑，也更加中性，既可以表现被滑稽的现象逗笑，也可以表现被风趣幽默的演讲逗笑。

心理学家对这种情绪有着不同的说法，有的认为逗乐是"对幽默的恰当反应"，有的认为逗乐是"对滑稽、搞笑和荒诞的事物的反应"，有的则认为逗乐是"注意到一个特定的情景是幽默之后的反应"而非"自娱自乐"。但整体来说，逗乐有"赶走"其他情绪的作用，有利于人的理性的发展。在情绪叠加时，逗乐通常能占据优势。也就是说，当多种情绪一起产生时，强度更大的情绪能掩盖其他情绪，即"赶走"其他情绪。而逗乐作为高唤醒情绪，常常能够在竞争中胜出。

和"惊讶"一样，逗乐也是瞬间爆发的一种情绪，来得快去得也快。如果没有持续的笑点刺激，逗乐很快便会消逝。不过逗乐因此也在消极情绪转化为积极情绪的过程中扮演着重要的衔接角色。"逗乐"情绪一般产生于对不协调的非严肃感知，也就是突破传统常规的文化认知习惯。这个不协调可能是自然的，也可能是社会的。具体分两个层面四种：首先根据是否有文化壁垒层面，逗乐可以分为普适的逗乐和圈层的逗乐；其次根据是否符合道德层面，逗乐可以分为一般逗乐和不道德的逗乐。

■ **普适的逗乐**：一般是与自然情况的不协调。例如，做鬼脸时，五官与平时很不相同，甚至很丑，但正是面部表情的不协调引发了逗乐。幽默大师卓别林的幽默剧之所以能超越国界引发逗乐，与其表演时不合常规的步态和行为有关。

■ **圈层的逗乐**：一般涉及文化圈层的壁垒。例如《憨豆先生》中，憨豆作为一个成年男子，却像小朋友一样喜欢泰迪熊，还一本正经地哄泰迪熊布偶睡觉。这里，成年人默认布偶没有生命，不需要哄睡，所以产生逗乐的情绪。而如果是一个认为布偶有生命的小朋友，可能就不懂这个笑点。又如中国人打喷嚏喜欢自嘲"有人想我了"，以缓解不太礼貌地打喷嚏带来的尴尬，但外国人可能就无法理解其中的意思。再如电视剧《隐秘的角落》播出后，"一起爬山吗？"成为常见的调侃。"爬山"本无特别意义，但剧中人物在"爬山"时犯下谋杀罪，因此"爬山"有了"谋杀"的引申义。日常生活中，谋杀并不常见，因此这一话语常常引发逗乐。然而，若未观看过该剧，往往难以产生逗乐。

■ **一般逗乐**：通常来说，以自己的不足作为玩笑对象，即自嘲，属于一般逗乐的范畴。但当以他人的缺陷或错误作为娱乐对象时，逗乐便成为"嘲笑"，会被认作不道德。不同文化的道德规范不同，一个文化里无伤大雅的逗乐可能在另一个文化里犯了大忌。

■ **不道德的逗乐**：产生逗乐意味着对某件事的不严肃态度，但当这件事的严肃看待有道德意义时，逗乐会被认为不道德。例如美国一些脱口秀演员以印度人的口音或黑人的肤色作为笑点，就是不严肃地看待严肃的种族歧视问题，被指责为不道德。再如一个姐姐看到年幼的弟弟玩耍时头被门夹了，虽然该画面容易引发逗乐，但姐姐应该关心弟弟，此时发笑也会被认为不道德。

作为高唤醒情绪，逗乐有强烈的生理激发作用。实验证明，逗乐时人往往会心率加快、血压升高、呼吸加快、皮肤电导效应反应幅度提高，且逗乐的程度提高，生理反应也会加剧。此外，逗乐能提高催产素水平（让人感觉到好、爱和不孤单的激素），降低皮质醇水平（让人感觉不好、有压力且抑制身体愈合能力的激素），从而改善身心状态。逗乐又是典型的低动机情绪，有着显著的扩展认知和加工的作用，即增加对非中心事物的注意。例如，闻名一家餐厅的美食而光顾这家餐厅，但服务员的幽默则让整晚的用餐愉快欢畅，于是每当想起这家餐厅时，脑海中浮现的不仅仅有鲜美的食材，同时也有友好开心的氛围环境。多项研究表明，逗乐能提高对非中心事物的记忆，增强联想能力和创造力。

情绪舒展

随着年龄的增长，人们所扮演的角色越来越多，肩负的责任越来越重，承担的社会期望也越来越高，因此生活中的"轻松"似乎越来越少。同时，随着经济的发展，都市生活的节奏越来越快，人们压力越来越大，聚餐可能是为了应酬，游玩可能是为了陪伴，单纯的娱乐似乎也成为一种奢侈。于是人们慢慢地失去了纯粹的快乐。

有的人可能认为自己再也找不回没心没肺的笑容了。或许，是时候该停下来歇一歇了！不需要深厚的底蕴，不需要特殊的环境，也不需要他人的配合，听一个笑话，看一部喜剧，唱一首欢快的歌，放下所有包袱，给自己打一剂快乐针。根据恢复力理论，人的恢复能力的主要决定因素是养成和放大积极情绪的能力。当人们能唤起多种积极情绪去对抗消极情绪时，潜在的韧性就会被激发，并帮助人从逆境中反弹，而逗乐则是一个可以被快速激发的情绪，帮助我们越过情绪临界点，走出低谷期。

具体方法其实可以很简单，核心就是放下沉重的严肃的外壳，释放本初的童心。观看一场喜剧综艺节目，如《生活大爆炸》或《欢乐喜剧人》，尝试在主人公磕磕碰碰的生活中发现美好；或去听一场现场版的相声，看一部小品、话剧，不如意也就那么回事儿；再或者和朋友们一起喝两杯，吐个槽，实在不行看看《吐槽大会》或脱口秀等娱乐节目，慢慢你会发现那只晶莹剔透的逗乐"小精灵"会回到你的身边。读万卷书，也行万里路，开阔眼界，也放宽心胸，用宽容的心态对待世界，也包容自己；保持作息的规律、充足的睡眠，适当运动，合理饮食，良好的身体状态也能增强感受逗乐的能力。

当然，逗乐也需要注意场合。圈层内的玩笑能增进感情，却也让团队中听不懂的人感到被排斥。自嘲固然能化解尴尬，但错误非常严重时，逗乐会被认为不够重视问题。在严肃的场景中，逗乐会被谴责。例如葬礼上若主持人不小心出现口误，逗乐就是对死者的不尊重。需要专心对待的场合，逗乐的扩展认知作用使人分心，如吃饭时容易噎着、开车容易酿成事故。由于逗乐圈层性的存在，跨文化交流时容易造成误会。抑制逗乐很难，可以尝试转移注意力，关注事物严肃的一面；或者深呼吸，让自己平静下来。研究发现，天生有幽默感的人患抑郁症更不容易被发现，或发现时往往已经很严重。不要让逗乐成为你的负担，你不必时刻保持有趣，也不必有喜剧演员的幽默水平。常常逗乐当然很好，但也要积极接纳逗乐之外的消极情绪。

总体而言，逗乐是一种积极情绪，像是一剂应急止痛药，能暂时取得良好效果，但往往无法从根本上解决问题。笑一笑后，更应该冷静寻找对策。糟糕的情况是，正如古希腊思想家亚里士多德认为的，如果只追求逗乐，人们往往会陷入"娱乐至死"的陷阱，失去对更深入意义的追寻。让我们把逗乐当成生活的甜点吧，时不时品尝一口，感受生活的美好。

情绪的侧画像

"这位爸爸放松点啊～妈妈稍微把背挺直点，小朋友站好，来，一、二、三，茄子！"中国照相馆的摄影师熟练地说着专业话语，有条不紊地为一个三口之家拍着全家福。

随着两侧的闪光灯传来的光闪，40多岁的摄影师低头看了一眼数码相机的照片，稍微皱了下眉，似乎还是不满意。他抬起头，对着幸福的一家人说："来，我们再试两张啊。"随后又扭头冲门外喊了一声："张师傅！张师傅！麻烦您进来帮个忙。"

不一会儿，一个四五十岁的中年男人走了进来，1.7米的个儿，60公斤左右的样子，发量不多，三角眼从一进门就打量着这一家拍了半天的客人，似乎很快明白了什么。他看了一眼摄影师拍的照片，稍微点了下头，好像不用说就已经了解摄影师刚刚说的帮忙是指什么。

随后，这位张师傅从旁边不知道哪儿找出了一个猴子的布偶，站在摄影师的左侧就位，拿着布偶的右手也举到摄影师的头部旁边。

"好，我们再来一次，来，还像刚刚那样啊，爸爸放松点，妈妈坐好，小朋友……"一家人再次就位。不得不说，可能是指挥不动脸上的肌肉，挤出来的笑容要么过于刻意，要么显得有点儿面瘫。

"微笑啊，不要大笑，来，准备，一、二——"摄影师喊着，刚要喊到"三"的时候，旁边发出来一道声音。

"哄！～～～～"只见张师傅突然转动手腕，摇晃着猴子布偶，自己那长满褶子的脸挤在一块儿，用尖细的嗓音发出一阵简单粗暴的逗乐的声音。

扑哧几声，一家三口被这突如其来的搞怪逗笑了。尤其是拘谨的爸爸，被张师傅这么无厘头地一逗，居然也展出了纯粹会心的笑容。妈妈和小朋友更是被这个中老年师傅这么大反差的表现逗得笑出心底简单的快乐。

张师傅很快回到自己的状态，跟没事人一样跟着摄影师低头看照片。一家人似乎还停留在上一秒逗乐的欢乐情绪中，慢慢平息。

"行！很好，来看一眼吧！"摄影师似乎终于对照片满意了，招呼着客人过来看片子。

"哈哈，确实是不错，谢谢您！"妈妈看着照片开心地说道。

"辛苦了！二位！"镜头前不知所措的爸爸也恢复了正常。

哈里昆的狂欢（Carnival of Harlequin）

作者：胡安·米罗（Joan Miro, 1893—1983）

年代：1924 年

尺寸：66cm x 93cm

材质：布面油画

藏地：美国布法罗奥尔布赖特 — 诺克斯美术馆

◎ 8.2　兴奋·眉飞色舞

明天就是这个项目规划设计调整的最后一场报告了，主管副市长和各委办局领导都会参加。这个离市区不远占地 200 亩的养老项目大概预算 40 个亿，从最开始的"招拍挂"，到无数轮的协商规划讨论，到发现无数问题和解决问题，再到现在调整规划基本达成一致，实在太不容易。凌晨两点半，杨硕最后一次复述了明日报告的演讲稿，想了想台上每一刻的手势和走位，简单梳洗后便准备睡了。虽然已经连续工作 17 个小时，但他依然十分亢奋。他脑海里一遍又一遍地设想明天汇报的各种可能性，憧憬着好的结果，甚至连规划调整后的方案都想好了。

辗转反侧几个小时后，杨硕拖着仅仅休息了 2 个小时的身躯来到会场。有别于以往缺乏睡眠时的疲态，此刻的他浑身充满了动力，精神抖擞地站在会场。随着领导们坐的车缓缓抵达，杨硕的心也提到了嗓子眼儿，虽然尽力克制住自己的紧张，但他还是忍不住来回搓着手，小心复述着自己的台词和演讲稿，生怕自己漏掉了任何一个细节。

兴奋的人是幸福的。那种心跳加快、呼吸急促、浑身上下充满能量的感觉让人觉得如此充实，每一秒都诉说着生命的意义。好像有股电流延伸至每一丝肌肉的末梢，即使小心装出的平静外表也藏不住内心的波涛汹涌。随着涟漪化为猛浪，兴奋之情将释放我们身体禁锢的精力，行动是此刻唯一宣泄的出口。或许是一次比赛，和队友们众志成城夺下胜利之时，又或看到运动场上心仪的球员夺下冠军；或许是一次小小的升职，又可能是亲手完成几十亿的项目。看着自己或者周遭的人、事、物即将有本质上的优化和进步，我们拥有十足的信心与动机去做想做的事，满怀兴奋地踏出步伐，去推进我们的事业，去追求一个我们理想中的自己。兴奋的感受推动着我们在人生的道路上走到下一阶段，让我们期待触手可及的胜利。因此，兴奋的人是幸运的，也是幸福的。

然而，过于兴奋的人也是痛苦的。很多时候，兴奋为我们带来逐渐累高的预期，往往让人陷入盲目憧憬。当现实无法满足内心的期望，兴奋后往往带来扫兴，而这扫兴将比往常更强烈地冲击着我们的心理，留下的是遗憾与空虚。例如当我们历经千辛万苦终于推动一个项目落地时，原本期待的掌声与欢呼并没有如期而至，空荡荡的办公室一遍遍嘲讽着我们疲倦的身躯。我们此刻忘了过去所有的兴奋，只剩扫兴充斥着我们。因此兴奋虽然美好，但也是危险的。

"兴奋"像坠入爱河的少年，让姑娘满怀期待，盼望他的到来，但又怕他冲昏了头，乱来。就是这么一把双刃剑，运用得当，能让人更加贴切地体会生命，感觉人生的步伐；反之，则有可能反噬我们的动力。因此我们每一个人都应该知晓如何与兴奋共存，让兴奋成为生活的动力，绽放出它的光芒。

面具下的情绪精灵

兴奋，作为一种情绪是一种可以快速令人振奋、具备强烈的唤醒感，且给人带来冲动的情绪。当事件足够强烈地触发人的情绪波动，且带有积极预期结果或满足某种欲望时，人们往往会产生兴奋这一情绪。兴奋的发生必须在神经反应超过一定临界值之上，若没达到这个点，情绪仅仅会有轻微的波动，并不会给我们带来兴奋感。当到了这个临界值，心里感受到"上头"的同时，生理上也会同时产生心跳加速、肾上腺素分泌等多重反应。这一类反应能协助我们具备更强的行动能力、更敏捷的反应和更快的思绪。兴奋的生理反应直接带来了使人易冲动的反应，让我们有更想去做的欲望。

兴奋感的一个主要来源是"自我实现"的正向作用。这里的自我实现具体是指自己能够得到、能够实现的物质或非物质的东西或体验，如购买一部新车、参加博士毕业典礼、公司上市敲钟。就好像假期前最后一个工作日的晚上，我们必然对即将到来的第二天的旅行、亲友、美食、欢笑无比期待，我们也因此感到十分兴奋。然而，若假期是另一段可以预设的无趣时光，那么兴奋根本不可能存在。再比如一场商业路演，若能预期最后会获得大笔投资让所有的想法得到实现，人们便会产生强烈的兴奋感。倘若知道路演的结果并不会有任何大的影响，则不会产生丝毫兴奋感，随之而来的反而是紧张和焦虑。由此可见，对未来的期许能够唤醒我们体内的兴奋，只有当我们对自己有信心、可以达到自我实现时，才能让我们处于兴奋的状态。而同时兴奋也能唤起体内的精力，帮助我们更好地完成手头的工作，从而对生活有着更美好的向往。

另一种兴奋来自他人的认可。认可会让我们产生成就感，进而带来强烈的快乐。当我们受到上司的认可而感到特别高兴时，我们所感受到的就是一种兴奋。这一种兴奋是基于与人互动之下而产生的，可以同时存在于一对一、多对一、一对多和多对多等各种场合下。这一类型的兴奋往往会使双方情绪高涨，有助于双方彼此的沟通，增进双方的乐观程度和沟通的流畅度。在开篇的故事中，在那样的一个场景下，主人公应该知道当场不会有结果，但领导的一个点头则能为彼此的沟通贡献很大的流畅度，增强双方更有信心的交流。在日常生活里与朋友畅谈的场合，当感受到他人对自己观点的认可，或者对同一件事情有着相同的经验和态度时，兴奋之情就油然而生。此时此刻，人们更愿意投入彼此的对话之中，也带来更强烈的幸福感和快乐。

兴奋能更进一步加深我们的行动能力，让我们对未来或当下有更美好的憧憬和反应。同时，兴奋的生理作用也奠定了这个情绪给我们的行动力带来极度正面的影响。正如序所言，兴奋本身或许是一时的快感，但恰当的兴奋则可以为人们带来不可计量的积极影响，迎接未知的挑战，抱有信心，勇敢地走下去。

情绪舒展

兴奋往往会在事件真正到来前呈现一段快速的增长，紧接着容易出现过高的预期，而过高的预期又会带来过度的兴奋，这一循环往往使得我们过度兴奋。过度兴奋一般会带来两个问题，一是容易从兴奋转变为焦虑或紧张，二是在兴奋过度后会产生扫兴（anticlimax）。不论是哪一点，核心问题在于最终结果并没有达到我们期待中的样子，而预期落空带来的失望往往会让我们受到心理上的伤害。

首先，当人过度兴奋时，往往会低估事情的难度和复杂程度，同时对于自身实力过度乐观。简单说，就是想得太美。这一行为往往会导致过激反应或者冲动。人们在过度兴奋的情况下，往往无法看清事件的全貌，设想的因素、过程和结果过于单一。而当出现过度兴奋后，则会出现紧张甚至焦虑。这时，我们或许应该停下来，尝试唤醒"平静"，具体方法参见"平静"的情绪引导。同时，尽可能思考至少三个备案：一个好的结果，一个不好的结果，一个常规结果。然后问自己一句："那又如何？"重点是让自己有着恰到好处的信心，将兴奋调整至最佳水平。

其次，过度兴奋往往会高估事件的美好程度，现实与想象的落差往往带来强烈的失落感。例如期待着未来美好的假期生活，但当那一刻真正来临时，发现假期生活并没有想象中的那么丰富多彩，我们常常会产生一种"唉，不过如此嘛！"的失望心理。但是我们必须认识到，这一类的情绪往往在某种程度上是过度反应的，事情的真相并没有想象中的那么糟糕，一切都是因为我们长时间的期待、过程中对事物过度看好而造成的。因此我们更应该清楚地认识到事件到来之时可能出现的失望反应，同时要注重事件之前付出的努力以及那种兴奋感，让兴奋感成为我们持续努力的东西和对努力最甜美的奖赏。简单说，就是不要在得到后忘记了曾经踮脚使劲够它的心情和样子。言语方面可以尝试，如"这部车真漂亮，驾驶感比想象的还要好""百战归来再读书，重新体验学生时代，得好好珍惜……你们几个也是，好好珍惜，按时上课，不许溜号啊，迟到罚 10 个红包外加 50 个俯卧撑""公司终于上市了，四轮融资不容易，咱们继续好好干！"从而起到积极的心理暗示的作用。

情绪的侧画像

"你上午拿过来的那条领带颜色太暗了吧？还有别的吗？"坐在办公桌前的达明放下手中的讲话稿，对刚进来的秘书问道，不等秘书反应过来接着说道，"这篇讲话稿我又看了一遍，结构和逻辑没问题，不过我上次跟你说要补充进去的数据还不完整，你再查查那天的记录。"

明天是他就任这家 800 多人公司 CEO（首席执行官）的第一次公开讲话，他既期待又紧张，像个要见新女友的小伙子，准备着自己最好的状态。

"这领带就是您之前出席会议常用的那条，您是想要……？"跟了达明 8 年的秘书疑惑地看着办公桌上深蓝色的净面领带，他不理解老板怎么突然在乎起这种小细节，继续探询地问道："……红色的？"同样在审美方面直男的他不明白"太暗了"是个什么意思。

"红色？嘶——"达明挠了挠头，"就稍微浅点的蓝色吧，亮堂点儿就行。"

"行，我那儿应该有，这就去找找，然后把讲话稿改了。"

"嗯，去吧，改完了再给我看一眼。对了，嘉宾席位安排我再看一眼，VIP 车位都留好了吧？"达明继续问着细节。

"都安排好了，您放心！"秘书笑着回答，他也感觉到了领导的兴奋和紧张。"一会儿 4 点还有个部门经理会，晚上 7 点约的和基金会那边聚餐，我到时候提前提醒您。"

"哦，对！行吧～你快去准备。"达明点了点头，很快又回到桌前的一摊文件里。

第二天一早，随着清晨的第一束光，达明便开始进入状态，脑子里过着这些日子准备的一切。

上午 10 点，偌大的礼堂里已坐满人。

"有请公司 CEO 李达明先生致辞！"随着耀眼的追光灯，达明从侧面沿着红毯走上演讲台，巨大的电子背景屏已打出公司的 Logo 和他的照片及名字。他信心满满，台下掌声响起。

如果说美国艺术家杰克逊·波洛克的画从根本意义上是追求极端的自由和开放，摆脱一切束缚地促使人类大胆创造意识的发展，那么兴奋情绪如同"滴画"这种抽象派艺术品，把人的思想和充沛的感情完全展示出来。两者都含有一些不受控制的直觉行动，常常没有中心，没有主次，漫无边际。

汇聚（Convergence）

作者：杰克逊·波洛克（Jackson Pollock, 1912—1956）

年代：1952 年

尺寸：393.7cm x 237.5cm

材质：布面油画

藏地：美国布法罗奥尔布赖特—诺克斯美术馆

◎ 8.3 惊讶·鸟语花香

"好的，我这就改签今晚或明天最早的一班飞机回北京。"伊雯放下电话，大脑一片空白，意味深长地看了一眼面前美得令人窒息的无边大海，希望在即将到来的思维风暴前给大脑铺一层防护垫。一个深呼吸后，她仍旧处于错愕之中，短短不到 10 分钟的电话，信息量太大。回头转身，往刚住了两天的度假小别墅走去，踩着柔软细腻的沙子，她很快改签了机票，慢慢平缓刚刚那突如其来的消息："……伊雯，你准备一下，全面接手公司全国的产品和销售，郭勇昨天提出辞职了……"

不知道是主观按捺住了心中的喜悦，还是这个出乎意料的消息实在有些让人猝不及防，李伊雯不停地琢磨这通电话的每一个字。作为一个空降兵，刚满 30 岁的她加入公司不到一年，一张白皙清丽的脸，搭配着她敏锐的互联网思维、果断利落的决策，恰到好处地平衡着情理法的专业素质。不得不说，即便是在这私营创业公司，这些"优势"也没少给她找麻烦。庆幸老板对她的信任，庆幸当下这大势所趋的社会环境，以及其他高层还算豁达开明的理念。如今，随公司起步成长的副总突然离职，而公司请她接手这一大摊，无论是具有积极挑战的职务、比常规还要丰厚一些的酬劳，还是对她工作能力的认可，伊雯都非常期待。

惊讶是一种十分单纯的情绪反应。我们通过惊讶这个情绪，快速在不同情绪间进行转换。相对于见多识广的人，生活圈单一简单且有着封闭式思维的人在遇见新事物时会有很多惊讶。换句话说，当井底的青蛙跳出深井时，它们会对辽阔的世界产生惊讶。有着开放成长型思维的小青蛙会在短暂的惊讶后接纳新的环境、拓展认知、积极成长，把惊讶转化为积极情绪的开始。而有着封闭型思维的老青蛙则会不断质疑一切，怀疑蛙生（人生），从而变得消极。这里的小青蛙和老青蛙与年龄无关，更多的是思维方式。在当下多元且快速发展的社会里，有能力突破自己的舒适圈，接纳新的事物和观点，尝试新的生活方式，突破陈旧腐朽的思想，尊重多元文化，并可以用与时代相符的标尺去看待问题就是"小青蛙"。

面具下的情绪精灵

惊讶情绪源于人对违反预期事物的反应。根据 expectancy violations theory（EVT）理论模型，人们的预期是由交互者、环境和交互因素而产生的。换句话说，在与人交往中，人们往往首先会根据对方的年龄、性别、个性、教育背景、社会地位等个人信息做一个预期画像；然后结合当时的政治、经济、文化环境，交流当天的气候、温度和地点等外在条件勾勒出一个预期画面；最后用彼此的交流沟通风格、常用词汇和语句、社交礼仪与交谈模式等因素产生一个预期场景与结果。而当这个预期的场景和结果与设想的不一样时，则会产生惊讶的情绪。

惊讶是一种应对突发性或者非常见事件而触发的情绪。更严格来说，惊讶是一种情绪不连续的"点"。人们通过惊讶这个情绪，快速在不同情绪间进行转换。例如一个人可能处于"平静"状态，但在下一秒因突如其来的消息让我们感到"惊讶"，接着又因消息的积极性质而转为"快乐"，然后又因他人提出的一个质疑和可能的消极结果而转为"焦虑"。惊讶就是承接这不同情绪的反应，让我们切断当下所有的情绪，并在惊讶点的引导下用全新的情绪去对当前的事物作出反应。随着惊讶的出现，人的生理上也会出现眉毛上抬、双眼瞪大、嘴巴微微张开、瞳孔放大等面部表现。同时，身体也处于紧绷的状态，尤其是颈部肌肉部分，并让身体做好对新情绪的相应反应。

惊讶本身是一个中性的情绪，给人带来短暂的错愕，让大脑一片空白，甚至暂时失去思考能力。正是这个空白使得我们能够轻松地清空情绪的变化，触发随后而来的二级情绪，并根据事件本身的属性带来快乐、惊叹、痛苦、害怕、焦虑等高唤起情绪。此外，我们的注意力也会随着惊讶而转移。例如，当我们发现交谈对象的思维和价值观等深层次理念并非我们预期想象那般理想，我们很可能会产生短暂的错愕，紧接着会由这件事本身是否对你造成身心上的影响而触发相应的情绪反应。若触发事件本身带有极大的负面作用和影响，往往会引起强烈的恐惧，从而将"惊讶"转变为"惊吓"。例如，当年终级考核结果远不如预期时，接到通知那一瞬间的惊讶往往附带着对失去工作的惧怕；再如，当一位年轻的女士在尚未准备好的情况下怀孕，对于男女双方而言往往都是错愕的，导致后期一段时间对未来的焦虑情绪。除此之外，许多情绪会伴随着惊讶接连出现，虽然惊讶本身并不会对我们的生活造成太大的影响，但我们需要注意的是惊讶带来的"心智真空期"中附着的强烈的干扰。

这种真空期对接连发生的情绪会造成强烈的影响，属于一种"反应感染"（response contagion）。简单来说，惊讶本身带来的错愕会放大接下来的情绪影响，意味着或多或少地影响下一个情绪的唤醒强度。对于突如其来或出乎意料的福利或让人高兴的事，我们称之为惊喜，而其带来的快乐和满足感远胜于长期铺垫后的结果。就好像人们收获到意料之外的快乐的强度，往往会比渐进预期而产生的快乐感要大很多，这种突如其来的快乐更容易产生"上头"的兴奋感，成为一种惊喜，也是一种强大的动力。以我们在平常的工作中接到一个突如其来的新工作任务为例，接到新任务通知本身是一个惊讶，而当领导给这个任务配置丰足的经济酬劳和充分的精神认可时，这项任务即便非常具有挑战性，但也会给人带来强烈的"惊喜"，会刺激人的内在动力。在人力资源管理方面是一个调动人员积极性和提高忠诚度非常好用的策略方法。惊讶本身带来的不理性值得关注，但善用这种惊喜的"反应感染"则能帮助人们为工作和生活带来更多的快乐。当然，和其他刺激型管理策略一样，这里的"惊喜"方法不可多用。

情绪舒展

当惊讶来袭，人们其实是处于一个脑袋空白的状态。此时的心智行为主要由本能主导，至于随后而来的感知和情绪往哪个方向去演进，则由当下哪一种情绪足够强烈来决定。当我们处于理智状态时，则会利用思维去告诉自己当下的状况，并限制过度的情绪反应。而当惊讶情绪根据触发事件的消极程度或负面影响，大到足够使我们丧失理性分析思考的能力时，则会导致情绪的过度反应，并对身心产生不同程度的负面影响，甚至伤害自己或他人的生命。

惊讶持续的时间会因触发事件的严重程度，或者我们对其认知思考的深度和角度而不同。短则数秒，如当谈话对象说出意料之外的话的时候；长则数天或数月，如当发现这意料之外的话代表着细思则恐的价值观和腐朽悲观的人性时。因此，认清我们处于"惊讶"的状态，识别我们对事件的过度情绪反应，才能让我们以开放性的思维去与意料之外的事共存，让自己尽可能地拥有泰山崩于眼前而面不改色的魄力。

惊讶情绪的产生能帮助人快速转移注意力，从而免于长时间在预期生活模式下产生的怠惰和厌倦。人生不如意事十之八九，面对意料之外的负面消息，一方面可以反省自己和人生；另一方面也可以尝试用新的视角去看待世界，想想当前的工作和生活环境是否为自己真正喜欢的。每一次惊讶后面或许是一次促使我们转换跑道的机会。当意外地失去一份工作，虽然短时间会失去这份工作所带来的经济支持，但与此同时也是放弃了一份不能发挥个人才华的工作，从而有更多的时间和精力去寻找下一个你喜欢同时也能充分施展自我的工作，从人生的长远角度来看这又何尝不是一件美事？总而言之，相对于怨天尤人，用胡思乱想和钻各种牛角尖来折磨自己，尝试启动开放的思维，拥抱各种可能，认清自己心智的真空期，重新掌握对自己情绪的掌控，惊恐或许便会转瞬即逝，留下的便是纯粹的释然。

在表述方面，每个人根据各自不同的文化背景，对惊讶情绪有着不同的言语表述。虽然不同国家和地区使用的语言可能不一样，但语言表述类别通常差不多，大多跟神灵、上天或系列诅咒的话相关。无论东方或西方，多么不同的文化背景和教育程度，人们对待惊讶时的非言语表述都极端相似，如瞪大眼睛、张开嘴巴、全身呆滞等。一方面说明了这种情绪很难控制，另一方面也证明了人类的基本情感是相通的。正因为这种情绪的"率真"和"坚持自我"，一个人在惊讶时使用的语言应该是真实的母语，而具体表述的言语用词也展示了一个比较真实的个性特征。因此，当面对一个突如其来的消息，并同时以同样程度影响到你和另一个群体时，可以注意观察其他人的言语和非言语表述，或许是一个深入了解他人的机会。无论惊喜或惊吓，当你瞠目结舌并嘴上问候各种诅咒词汇的时候，别人的表现却是波澜不惊，这时你或许可以抽空思考一下自己与他人的差距和差别，以及以后的相处之道。面对惊讶，有的人会失魂丧魄、飘忽不定、迷失自我；有的人则可以沧海一笑，即便嘴里也能蹦出听似粗俗的言语，但随意的语气和脸上转瞬即逝的"无所谓"的微表情，承载着浑厚的综合素养、见识和人生理解。

情绪的侧画像

"哎呀！我不去了，张阿姨没完没了了吗？这都第 18 个'海归高富帅'了，我怎么觉得没有靠谱的呢！您愿意自己去得了。"徐晓楠嘟着嘴，赌气地跟电话那头的妈妈推脱着新一轮的相亲安排。

"好、好、好，关心、关心。我没对象碍着大家事儿了，我去，行不行？"不知道电话里妈妈又说了些什么，晓楠也没听仔细，只想匆匆挂掉电话："行，您把时间地点转给我。嗯，好的，知道啦！拜拜！"

叹了口气，她拨弄了一下深褐色的短发，看了一眼办公桌上的小镜子。镜子里面一张干净白皙的脸，柳眉下一双凤眼，直挺的鼻子上架着一副金丝眼镜。她自言自语一句："这是怕我嫁不出去吗？"

徐晓楠 18 岁高中毕业去了法国学服装设计，10 年留学回来后自己开了一家工作室，干着云想衣、花想容的服装和首饰设计工作。住着单身公寓，每天孜孜不倦地工作、健身、看书会友、美食美酒，时不时看看艺术展、听个音乐会、和朋友四处旅游，快乐无比。唯一令她头疼的就是家里安排的相亲活动。其实也不是对所有男人都看不上眼，但她认为"宁缺毋滥"是现代高质量人群的一种择偶态度，海外漂泊若干年的她一直相信缘分和感觉。

不过也是熟练工种了，她已经摸索出一套会个面、糊弄交差的本事。

傍晚 7:20，晓楠按照信息上的地点来到东城的北京坊，一边找着餐厅一边嘟囔："大晚上的吃什么烤肉，哥们儿真是过来吃饭的么？在哪儿啊？这破地儿，真难找。"又低头看了看手机里餐厅的名字。

终于找到餐厅，她也迟到快半个小时了。

"客人已经到了，您跟我来。"服务员礼貌地领着位，带着晓楠顺着昏暗的长廊往里走。晓楠自己编排着迟到的理由，好歹客气点。

"请坐！"服务员礼貌地微笑着站在一个餐桌旁，拉开椅子。

晓楠站定，看着坐在餐桌另一侧的男人，突然发现刚刚编了一路的瞎话堵在了嗓子眼儿。

只见他微微抬头，抬眼看向她，浓密漆黑的头发长短恰到好处，轮廓清晰立体，下颌线清楚明朗，薄薄的双唇缓慢地吐出几个字："徐小姐吗？你好！"

"啊，你好！"晓楠匆匆落座，心里念叨着："高富不知道，倒是真帅！"心里不禁多了几分意外的雀跃，同时也暗自期待这位小哥学识和品位能高点，至少能聊几句，多看看这张帅气的脸。

她实在不理解为什么有些人学历挺高却没什么审美观和品位，总觉得自己说的话都是至理名言，能为世界的发展指明方向。尤其是那些有个一官半职的男性，他们似乎觉得女人与他们的对话不可能是基于纯粹的交流和沟通，必须是要学到什么或有什么诉求。

第二天，晓楠已经记不清他们具体聊了什么，但她感受到了一个有趣的灵魂，一个真正的绅士，懂得尊重和平等。他们吃了不少烤肉，还开了瓶酒，一直到餐厅打烊才离去。这时，电话铃声响起，妈妈的电话。

看着熟悉的来电号码，她嘴角不禁稍稍上扬，接起电话："喂～"

马克·夏加尔被称为"带着翅膀的画家"，他的油画作品色彩鲜艳、别具一格，自然朴实中充满梦幻和象征。那些往往看似风马牛不相及的人、物或建筑，在他的笔下却能给人意想不到的快乐感受。他的成名作《我与村庄》采用立体主义的分割法，把所有的物象都分割成不同的形状组合在一起，如一个人与乳牛的侧面脸庞构成了画面的主要部分，他们好像正在亲切地对话，充满了温馨和默契的神态。色彩的运用也很大胆和强烈，绿色的人脸、白色的眼和嘴巴以及深红色的背景及黑色的远方，看上去色彩饱满、对比强烈，有一种热烈和醒目的力量，很好地衬托了画中超现实主义的幻想风格。下面的《玫瑰天使湾》用更加唯美的表达方式和颜色给人无限惊奇和喜悦。

玫瑰天使湾（La Baie des Anges au Bouquet de Roses）

作者：马克·夏加尔（Marc Chagall, 1887—1985）

年代：1967 年

尺寸：61.1cm x 45.5cm

材质：套色石版画

藏地：法国查尔斯·索里尔收藏

第 三 部 分

消极情绪　蜕变的历程

第
9
章

炼　狱

　　在第一部分的章节讲述情绪本质的时候提到，情绪像一个精灵，受个人先天个性和后天文化影响而独立成型，它可以温顺如猫，亦可以残暴如虎。生活中很多获得和成功给我们带来一时的兴奋、满足和喜悦，但是可能只有自己知道那些数不清的失败，以及身后不断的努力和尝试才是一个主旋律。如何面对失败和消极情绪，把人分成了不同的样子。

　　每一种极端的消极情绪都犹如一场炼狱，它不会因为年龄、权势、金钱等外在条件而对谁手下留情。有的人任它肆意增长，由它纵情蹂躏，最终被它的凶残暴击。有的人能正视它的存在，抚平它的伤痕，不断地爬起来继续前行。这一章，让我们认识"愤怒"和"悲伤"。勇敢地走近它们，轻轻揭开那一层层看似残酷邪恶甚至布满血渍的面纱，帮它们还原应有的样子。看清情绪、看清自己、看清生活，然后依然热爱这一切。

◎ 9.1 愤怒·疾风骤雨

"哭，哭，就知道哭，除了哭还会干什么？！啊？你看看你同学……"血液好像在体内奔涌，王静终于按捺不住自己，冲着孩子大声嚷嚷出来，"给你做什么你就吃什么！哪那么多事儿？赶紧吃！吃完写作业去！！"

她期待他今晚能回来与她和孩子共进晚餐，但他却没有，而且草草打了个电话："老婆，今天有点事儿，不回来吃饭啦，孩子拜托你咯，爱你！"她退而求其次，希望这顿美餐起码能和孩子一起开心地享用，但孩子上桌第一句竟然是："妈妈，鸡翅为什么不是炸的呀？"她知道孩子没有恶意，甚至也许只是随口一说，但已经被挑拨到易怒状态的神经，经不起这样的冲击。婚后 3 年，王静和丈夫有了孩子。本认为孩子应该像他们小时候一样自由地成长，直到第一个胎教的广告打入他们的世界，才知道现在培养一个孩子需要花费多少心血。原本不希望卷入这场世俗的养娃成才之战，但再看看身边的孩子：学龄前就开始编程，七八岁就已拿到高阶钢琴证书，他们再也不能平静地让孩子自然生长。毕竟他们不过是普通人，因此她早在 10 年前就换了一份"撞钟"的工作，把所有重心都放在孩子身上。这些年来的省吃俭用、勤俭持家，几乎从不涂脂抹粉好好打扮自己，也不再关心除了丈夫孩子家庭以外的事情。她逐渐忘记自己原本也是一个怀揣纯粹理想的人，最终走在怨妇的路上，活成自己讨厌的样子。

怒是一种简单基本的情绪：它是一种冲动、一种愤然，一种血压飙升、青筋暴起；怒又是一种很复杂的情绪：满身是刺的怒火背后也许是深不可测的恐惧，抑或是止不住眼泪的悲伤。我们每个人都体会过愤怒，那种不满情绪膨胀到极点，再以极其激动的情绪释放出来的体验。愤怒是人类乃至动物界最基本的情绪之一，和生存、择偶等基本需求都息息相关，也因此，愤怒原始而狂野。

面具下的情绪精灵

愤怒是一种强烈的不愉快感、敌对情绪。当一个人处在愤怒状态时，心理表现通常为过度激动、理性逻辑思考能力下降，因此常常会有冲动行为。与此同时，愤怒的生理表现通常为循环系统、呼吸系统等各生理系统压力升高，即所谓的"脸红脖子粗"。愤怒的感觉虽然鲜明，但并不妨碍它是一种极其复杂的情绪。复杂之处有两点：一是其产生通路复杂，二是其共生性强。基于愤怒的基本性，往往造成愤怒的不是一种情绪，通常夹杂着难过、恐惧、尴尬等其他情绪。

愤怒在心理学领域被定义为一种次生情绪，也称为"次级情绪"或"二级情绪"，而愤怒的触发事件既可以是事实事件，也可以是其他原始情绪。例如，从害怕或恐惧转化的愤怒情绪，背后其实往往是对自己的不肯定和不自信。在一段关系中，一方冲另一方发怒的"表象"的背后，常常是不对等感带来的"对情感危机的预期"的不满。出于各种原因，不会表达的人则选用"愤怒"包装他们的原始情绪。所以愤怒的根源简单来说就是我们的需求没有被满足，或者事实和预期不一致，而其成因也可划分为攻击性（aggressive）、防御性（defensive）、震怒性（outraged）、沮丧性（frustrated）等。

事实事件触发的愤怒主要由两个因子引起：一个自然是事实触发事件，而另一个则是既有痛苦，但后者常常被忽略。我们都知道"易怒"一词，一个人在不同的时间，易怒程度波动极大。例如和喜欢的人从事一些开心愉快的事，也许就极其不易怒，而当被他人否定后，可能在短期内非常易怒。这就是既有痛苦的力量，即一个人愤怒的先决条件是他已经有某种不愉快或不满积郁在心中，而这时，当触发事件横空来临，如"压倒骆驼的最后一根稻草"一般，愤怒即刻爆发。

其他原始情绪出发的愤怒意味着更复杂的情绪管理。愤怒本身的特征是鲜明且易于表达，通俗地说就是"生气谁不会"，放狠话、大声嚷嚷就好了。因此那些诸多不容易表达的细腻情绪，或基于文化和成长背景等因素造成人们羞于表达的情绪，比如悲伤、恐惧、害怕、尴尬、难过等，则通过愤怒宣泄出来。在东方文化里，或许碍于情面和传统理念，又或者很多人根本不知道该如何安放心中积郁的这些情绪，于是，愤怒也就成为复杂情绪综合堆积后的火山口。

情绪舒展

愤怒经常会把已经糟糕的局面变得更糟，因为它会使人变得冲动、不计后果，降低人的逻辑思维能力，并且一个人在愤怒时，口不择言，也不能听取其他人的意见，即接受不同观点的能力也会被降到最低。其实，愤怒的体验是短暂的，生理学的愤怒效应实证：激发愤怒反应的神经递质只能短暂作用于受体，一般血压不会一直飙升。通常用不了多久，愤怒就会归为平静，最多留下一些"余震"。因此，愤怒的短效疏导是极有价值的，而其目的在于：一是克制自己的冲动，收敛言语、行动和决策，不要把局面变得更糟；二是尽快平复自己的情绪，从愤怒中走出来，恢复逻辑思维、移情聆听等能力。

每个人对待"愤怒"情绪的方式都不同，这里分享四种易于掌握的方法，分别是积极暗示、情绪转移、倾诉发泄和行为调解。

- **积极暗示：** 顾名思义，是指在生气的时候给自己积极的心理暗示。通过意识到自身的愤怒情绪，采取自我肯定、自我强调的办法。例如言语上反复默念"不生气"，同时配合深呼吸，身体就会更倾向于作出相应的反应，如循环系统压力将会逐渐下降等。

- **情绪转移：** 也可理解为注意力转移，指的是生气时人们往往会不自觉地抓着触发事件不放，尤其是当双方或多方情绪主体都参与到愤怒进程，甚至引发口角，大家对触发事件各执己见、互不相让。这种情形下，通过转移注意力转移情绪，如花几分钟停止对话。或尝试通过自己熟悉的办法唤起其他积极情绪，如和喜爱的人通个电话、看个喜剧短视频、玩手机等，将注意力从触发事件剥离开，从而加快情绪主体理智恢复的进程，更快地平复情绪。

■ **倾诉发泄：**人们往往希望被他人理解，当承受怒火折磨时，找人倾诉，把坏情绪、对某些事或人的看法尽情地讲出来，往往是一种良好的疏导。专业的心理医师或值得信任的朋友都可以作为倾诉对象。甚至，更广义地，对着自然山水、城市车流自言自语，或用纸笔电脑把想说的写下来，都可以产生类似效果。关键在于将自己的不满表达出来。无论这种表达是否有"一个人"在接收，当这些毒素排出体外时，其主体的情绪就已经有了质的改善。但注意不要见谁就"倾诉发泄"，这样只会给自己贴一个糟糕的标签，同时别人也不是你的情绪垃圾桶，包括你认为最亲密的人。

■ **行为调解：**基于生理学的快乐产生路径，浅层次上通过对着镜子微笑去"欺骗"自己的大脑，深层次上则是通过运动等行为调控促使大脑分泌多巴胺、血清素等"快乐因子"，从而改善情绪。行为调节往往是最迅速、最有效的方法，因为它具有明确的科学依据，而且简单快速，同时不需要依赖他人，一般可以独立完成。只需自己去洗手间稍作冷静，对镜微笑一会儿，同时辅助地给予自己积极暗示，愤怒很快就可以平息。

当意识愤怒情绪正在侵蚀你的时候，可以用言语表述出来，告诉身边的人你的愤怒情绪，如"我现在很生气"，而不是丧着一张脸让别人去猜，更不要埋在心里伤害自己，或憋着怒气想去伤害其他不相关的人；告诉他人让你生气的具体事情，如"你一直不接我电话让我很生气，我希望你能及时接我电话，或在第一时间回我电话"，或"他把报价单弄丢了，弄得现在所有程序都要重新再来一遍，真是气人，接下来咱们分工一块儿整理吧"，而不是人前一套人后一套地挂着假笑然后背后捅刀子。

非言语方面，与其通过各种肢体语言如摆脸、摔门等动作去告诉全世界你在生气，不如戴上耳机出去跑个 5 公里，或者打开音乐电台，就地"发泄"：平板支撑、开合跳、胯下击掌、俯卧撑、波比跳各 90 秒，重复 3~4 套。

情绪的侧画像

"不都说好的事儿吗？怎么能说变就变呢？这不就不讲信用嘛！"阿锋冲着电话里嚷嚷起来，一下子憋红了脸，紧锁眉头。办公室里十好几个人顿时鸦雀无声，一是阿锋是他们部门的二把手，也算是公司的元老；二是大家知道，他电话里说的项目涉及 3 000 万元，本季度的业绩能否完成以及年底的奖金都靠这一单了。

38 岁的阿锋咬着下嘴唇，全神贯注地听着电话里的信息，恨不得钻进去，随着电话信号到另一端好好地跟对方掰扯一下。

"互联网项目特别不容易，整个项目从最初理念设计到现在比较成型的方案我这边整个团队都是加班加点地弄，"阿锋换了个口气，似乎在努力地按压住自己体内不断攀升的血压，继续说道，"咱们同学这么多年，我办事风格你也知道，交给我肯定踏踏实实地给你办好……"

话筒被阿锋的手越攥越紧，可以看到手指都是白色，不知对方在电话里回复了些什么，他的脸色也从刚刚的全红转为一阵红、一阵白。

"我下午飞你那边去咱们当面聊聊行吗？"阿锋似乎在做最后的挣扎，他心里怒火冲天，恨不得大骂一顿这个说话不算数的同学，然后摔了电话。但是他压住了这股冲动，还是想着尽自己最大可能地解决好问题。这个项目是他主动在领导那儿接过来的，并且还拍着胸脯信心满满地打过保票。

经济形势不好的情况下大家对每一个前期投入都很谨慎，这几个月带着团队加班加点犹如烈日下的负重爬山，眼瞅着到了山顶，可这突如其来的变化如同狂风暴雨似乎要把他们拍下山去。

"行吧！那你先忙，我下午还是过去，你也争取抽几分钟……"放下电话，他继续咬着嘴唇。

《雾海中的漫游者》是德国早期浪漫主义画家大卫·弗里德里希 1818 年的画作，它描绘了一种崇高力量，以及人和自然各自独特的浑厚气势。画面中，可以看到断崖上一个拄着拐杖的男人背影，面对磅礴的茫茫云海以及被雾霭环绕的群山，他泰然自若地凝望远方，留给观者去想象他深邃的眼神和心境。

面对如同画中冷寂、阴森、汹涌、磅礴的愤怒感，人们有着不同的化解方式，但如画中男人那样面对幽暗情绪的从容不迫令人敬畏。无论是何种表述方式，或外在发泄或内在消化，这种淡然处之的张力应该是大部分人的向往。

雾海中的漫游者（Wanderer above the Sea of Fog）

作者：大卫·弗里德里希（Caspar David Friedrich，1774—1840）
年代：1818 年
尺寸：94.8cm x 74.8cm
材质：布面油画
藏地：德国汉堡美术馆

◉ 9.2 悲伤·丧魂落魄

"获奖之后，登门采访的记者就多，大家都好心好意，认为我不容易。但是我只准备了一套话，说来说去就觉得心烦。我摇着车躲出去，坐在小公园安静的树林里，想：上帝为什么早早地召母亲回去呢？迷迷糊糊的，我听见回答：'她心里太苦了。上帝看她受不住了，就召她回去。'我的心得到一点安慰，睁开眼睛，看见风在树林里吹过。……我摇着车在街上慢慢走，不急着回家。人有时候只想独自静静地待一会儿。悲伤也成享受。"

史铁生在文章《合欢树》中的这一段文字，看似云淡风轻地描述了母亲去世后的某个平常的场景下自己的所思所感。仔细去读则能深切感受那迎面扑来的巨大悲伤，并被它死死地缚住，难以呼吸。让人想起古文《项脊轩志》中的那句"庭有枇杷树，吾妻死之年所手植也，今已亭亭如盖矣"。合欢高挺，枇杷亭亭，至亲却再无归期。

失去至亲是许许多多种悲伤情绪中最令人刻骨铭心的一种，与之随行的是失去一段刻骨铭心的情感。无人不曾体会过悲伤——它有时如同洪水猛兽一样将人吞噬，有时如同漫长的风化腐蚀着我们的心。我们可能会号啕大哭、泪流满面，也可能仅仅是默然而立、目光呆滞。有时我们使尽浑身解数想要挣脱它的困束，直到意识到根本无力抗拒，只想静静地躺在巨大的悲伤笼罩的空气里，自欺欺人地"享受"一段悲伤。

"悲伤"妩媚妖娆，有着独特的风姿，却也十分邪恶凶残。它们似乎有着一种穿透力极强的超音波魔力，如同美人鱼的歌声让人迷失，愿意为之沉沦。

悲伤的情绪最爱在夜晚的黑暗中袭来，趁白日里各种复杂缤纷的情绪都蜕去其彩色的外壳，它肆意地将"失去的感觉"或轻或重地推向一些人的心头。尤其是在皓月如银的深夜，或独自一人喘息的时候，它用那空灵无声的音波令人辗转反侧，让人凝视无尽黑夜的深处。或许如同美人鱼一样有着被设定的命运，"悲伤"往往独自承受着很多的无奈，飘忽在宇宙的某个角落，不知道是在等待，还是在寻找。这种通常由分离、丧失和失败引起的情绪反应，其核心特点是"失去的感觉"。这种失去的感觉源于个体失去无法弥补的东西，如重要的人或事，以及有价值的东西。

悲伤的情绪极容易被感知，却又因其普遍与宽泛而让人很难将其感受精准地表述出来，不少人还会因为不能预知悲伤持续的时间而感到忧虑与恐慌。我们都曾悲伤过，都曾枯坐楼底数着路边忽明忽暗的灯，都曾孤独地走过凌晨 5 点冰冷的长街，都曾在自己的心房门口彷徨地空守着荒芜一片。直到后来，我们的眼泪在心里落地生根，抽枝发芽，一点一点向上伸展，枝丫划开混沌不明的天空。于是我们原路返回，失落沮丧中发现徘徊的长街已被雨水洗净，只能捡起路灯熄灭后刻录下的心事和遗憾，最后再次走到心房门口，伸出手缓缓推开，屋里灯光温暖，亲朋围坐，火锅翻腾，热气氤氲，他们望向你，笑意盈盈。

面具下的情绪精灵

悲伤往往是对失落的一种情感反应，可以表现为一系列的心理症状和生理症状。也有心理学家认为悲伤是失去一个有意义、有价值的事物之后，或者是发生在认清可能失去某些事物之前的心理过程。这种反应或症状的经验包括生气、罪恶感、抱怨身体不舒服、生病、绝望等。这些症状和反应视失落的类型、失落的情况或对死者情感依附的情形而有所差别。悲伤的特别反应，通常也都借由心理的（包括情感、认知、态度、哲学等层面）、行为的（经由个人行动、态度与行为反应呈现）、社会的（与他人的互动过程）及生理性的（以身体症状或健康情形为指标）表现来检验悲伤的历程。

《Later Life》一书中具体地描述了悲伤是个人在面对失落时的一种生理、心理和社会性的反应。生理上的反应是个人可能在哭泣中受苦、反胃不舒服、头痛、眩晕、拉肚子、大量地出冷汗等。心理的反应是个人面对失落时会通过不同阶段的适应，其范围从无法相信到绝望。而社会的反应是指因为死者的丧失而让亲友相聚，共同分担悲伤的经验。当一个人面对失落时，不只在精神上极度痛苦，在身体上也会产生明显的疼痛和变化。一般而言，在悲伤的过程中，都会感受到身体的不舒服。有些人会有过敏性的反应，或有双手颤抖、心脏悸动、晕眩与呼吸短促等因极度焦虑而引起的特性，还有人会有与其已死的亲人相似的征兆。

人们对待悲伤的方式各有不同，分别表现在生理层面、认知层面、情绪层面和行为层面。

■ **生理层面：**剧烈的悲伤会让人感到"心碎"，出现梦魇、失眠、工作能力减退和疲劳等症状。在面对最悲伤的时刻，身体会有喉咙变紧、呼吸困难、需要叹气、肌肉无力并有心痛紧张的感觉。

■ **认知层面：**有的人会拒绝相信一些悲伤的信息，不去接受自己不想知道的事情。有的人会出现思绪剪不断、理还乱，精神不集中及健忘的现象。悲伤让人专注于思念的过程，思念的内容通常是与失去的人和事相关，有时候一些念头甚或影像会突如其来地占据人的心思，挥之不去。

■ **情绪层面：**悲伤本身是一种情绪，可轻可重。同时可触发忧郁、忧愁、痛苦、愤怒等其他情绪。长期发展下去也会引发精神问题。

■ **行为层面：**哭泣、睡眠失常、食欲反常、恍惚和心不在焉都是悲伤的行为表现。不少人也会表现为从社会人群中离开躲避，经常叹气，或持续地过度活动。

心理学家施奈德（Schneider）曾提出八阶段模式的"悲伤过程"，综合了人们对丧失的生理、认知、情感、行为以及心理反应。①得知丧失的起初。在丧失的重大刺激下，人会有震惊、混乱、麻木、分离、不相信以及迷惑等个体可能经历的各种行为、情绪或感受，属于个体意识到一种重大丧失已经发生而采取的正常反应。②试图通过坚持来限制这种认知，即利用过去对付丧失、挫折、应激以及冲突而采取的应付行为来进行应付的正常过程，把现有的丧失置于远景中，恢复精力以及限制无助与绝望感。③试图通过放弃而限制这种认知。即从依赖或对某个失去的人或物体的依恋中解脱自己，为将来适当的行为和态度铺平道路。在放弃阶段可能出现抑郁、拒绝、厌恶、焦虑、羞耻、悲观、自杀意念、厌世、遗忘以及享乐等反应。④意识到丧失程度，体验到意识和感觉的强烈的剥夺感，极度地悲哀，并且在应付丧失现实情况时可能感到没有任何抵御能力。遭受丧失者会极度疲倦、痛苦、沉默、孤独、神不守舍、悲哀、寂寞、无助、绝望，不考虑将来，只考虑现有的丧失，空虚以及虚弱等反应。⑤获得有关丧失的观点。个体进入一个接受期，要做的事情已做了，并且这个阶段为丧失者提供时间来保持平静。⑥解决丧失。这是一个自我谅解、恢复、许诺的时期，人们往往为行动和信念承担责任、完成事业以及进行告别。⑦在发展的背景下重构丧失。面临悲痛、体验悲痛后致力于解决问题。这个过程可能通过提醒人们"人的精力是有限的，人的生命是有限的"，从而推动个体的心理发展。⑧把丧失转化成新的依恋。在较高的水平上理解和接受丧失，使人们"更公开地更乐意顺从地接近生活，并且愿意为创造新的生活而努力"。这是在丧失之后出现的重构和转化，能够产生一种比以前更大的发展能量。

情绪舒展

　　每个人处理悲伤的方式和所需的时间皆不同，而这些不同的处理伤痛的方式都应该得到尊重。对于外人，或许给予对方足够的时间消化他们的情绪，适当地表达自己的支持和关怀，具有同理心的陪伴能帮助对方更好地处理悲伤的情绪。

对于处于悲伤情绪中的人来说，积极"自救"也是一个非常重要和必要的事情。悲伤这个鬼魅有它独特的魔力和魅力，但生活还需要继续。当世界万物都在自愈，或许放过自己是最好的自愈。下面是几个值得一试的情绪引导方式。

转移注意力：当受悲伤情绪困扰的时候，过多专注于引发这种情绪的事情上往往会使自己陷入其中难以自拔。一个值得尝试的做法就是把自己的注意力转移到其他事情上，分散投注于这种不如意事件上的心理能量。例如，努力工作，以积极的态度去生活。尽可能地脱离触发你悲伤的环境，比如外出学习，报一个新的课程，涉足未知的领域，认识新的同学朋友；听欢快节奏的音乐、旅游或娱乐、购物、参加体育活动等，用这些方式来刺激自己的积极情绪，循序渐进地驱走悲伤。对于失去一段感情带来的悲伤则不建议立刻去找另一段感情去转移注意力，那样后果可能会更加麻烦，毕竟情感不可代替，每一段真挚的情感都有其独特之处，且可遇不可求。

宣泄悲伤：心理学研究表明"压抑"并不能改变悲伤情绪，反而使它们在内心沉积下来。而当它们积累到一定程度时，往往会以破坏性的方式爆发出来，给自己和他人造成更大的伤害。因此有必要及时将内心积压的悲伤情绪通过合理途径释放出来，具体做法有很多，如向知心朋友和亲人诉说；对着山谷大声呼喊；用文字将苦闷泄于笔端等。当然，发泄的对象、地点、场合和方法要适当，避免伤害他人。

活在当下：过去的事，无论如何悲伤，都已经过去了。没有时光机能送我们回到过去。唯有当下，才是我们能真正掌握的。活好当下的每一刻，不让未来的自己有更多的后悔。为了让大脑淡化不愉快的记忆，避免过多重复回忆或讲述创伤的记忆，收起会让你联想到创伤的物品，避免去那些会让你联想到创伤的场所，尽可能地给予大脑能淡化悲伤记忆的条件，直到可以正视它。

理性调节：理性情绪理论认为影响我们情绪的不是事件本身，而是我们对事情的看法。明白这一点，我们可以通过改变自己的想法来摆脱悲伤情绪。具体做法为：首先试着写下你觉得不合理的想法，以及你可能有的感受和行为。然后把你所认为的理性与非理性的想法进行比较对照，通过分析自己的想法，学会放弃其中不合理的想法，重新建立对事情的合理认识，进而改变自己对此事的不合理态度和悲伤情绪。

调节悲伤情绪主要依靠积极的思维。当思维可以引导行为的时候，行为也可以调节思维。对于悲伤，言语方面的客观表述也代表着思维上的理性接受，而当我们能正面面对悲伤，也代表着有逆转这种消极情绪的能力。例如，可以根据情况恰当地告诉他人你的悲伤情绪，如"不好意思，周四的活动不参加了，这段时间情绪不太好，叔叔离世了"或者"前些天失恋了，还真有点伤心"妥当地表述出悲伤的情绪，一方面能释放自己，另一方面也能得到他人理解。如不愿意让他人知道你的伤心情绪，晚上抬头看夜空时，可以选择最亮的一颗星，小声告诉她："姐姐，我想你了。"

非言语方面可以通过冥想和瑜伽去唤起"平静"，静坐 20 分钟之后，双腿盘坐，双手自然搭在双膝上，掌心向上，聚焦呼吸和鼻尖，体会每一次呼吸，感受氧气进入腹部的感觉，循序渐进，一口一口地排出所有的浊气和悲伤。然后可以通过读一本小说或人物传记，去看别样人生；或者抚琴、旅行、见有意思的人和做好玩的事，温柔地唤醒"兴趣"。

情绪的侧画像

"家属做好心理准备吧！"大夫从 ICU 病房里出来，凝重的语气让门口一直不安的姜恩瑶顿时感到天旋地转，用凄凉和悲冷来描述她此时的感受都是那么的苍白无力。她跟跄两步，点了点头，靠在墙边，透过窗户继续望向躺在病床上的女儿，等着丈夫回来。

自从两年前被诊断出红斑狼疮，病魔已经把十来岁的女儿折磨得骨瘦如柴。她也无力再去抗拒命运，只能接受一切安排，卑微地祈祷有一线希望，尽快找到好的肾源，祈祷女儿能过这一关，哪怕需要用她的生命去替换。

透过重症病房的窗户，她凝视着呼吸机的变化，看着病床上白得没有血色的小脸，心如刀绞。上个月病情反复，来回来去的一家人都已经筋疲力尽，曾经接送孩子放学听她一路叽叽喳喳地说话是如此的遥远。

"您去外面坐会儿吧？一会儿能进去的时候我叫您！"一名小护士从恩瑶身边经过，恩瑶已经在这儿站了一上午。长期在重症病房工作的小护士虽然见惯了生离死别对家属的打击，但看着里面比她小不了太多的小妹妹被病魔折磨，在门外守候的年轻阿姨日日偷偷流泪，满眼的忧伤，她也总会多给些关心。

"好的，谢谢您！"恩瑶点了点头，用手稍稍挽了挽额前的头发，勉强挤出一点点笑容。她的白发这几个月多了不少，薄弱的肩膀似乎已经撑不起纤瘦的身体，出现了前倾状。

恩瑶低头看了看时间，还有 8 分 30 秒就可以进去探视了，可以摸摸女儿的小手，帮她擦洗一下身体，为她讲个故事……她再次抬起头，深吸一口气，打起精神，望向窗内。

悲伤总能让人深刻地感受孤寂，让人更清晰地看待这个物质世界，也更透彻地体会自己独立的精神世界。美国画家安德鲁·怀斯笔下的《克利斯蒂娜的世界》描绘了身患小儿麻痹症的少女克里斯蒂娜，无助地匍匐在草地上，艰难而渴望地向高居在山坡上的小木屋爬去。面容苍白的她身着粉色衣裙，纤弱的身体斜卧在荒无人迹、杂草丛生的凄冷环境里，孤寂而又冷漠。

她是一个弱者，无力的双腿和发育不全的双臂交代了少女残疾的严重程度；她也是一个强者，一个精神上的强者，那双瘦骨伶仃的手托着身体艰难地向山坡上攀爬，揭示出少女面对悲哀的坚毅和勇敢。

克利斯蒂娜的世界（Christina's World）

作者：安德鲁·怀斯（Andrew Wyeth, 1917—2009）
年代：1948 年
尺寸：81cm x 121.3cm
材质：木板坦培拉
藏地：美国纽约现代艺术博物馆

第
10
章

焚心炉

　　每个人都会"怕"，这种情绪周而复始会伴随人一生，或大或小，或对人或对事。和大家口中的"怕老板""怕麻烦"不同，真正的"害怕"和"恐惧"是一个焚心的过程，或阴森或猛烈，或短暂或长久。它们之所以可怕，往往是因为它们撼动了生活的根基，打击了人们对生命的向往和信心，使灵魂陷入巨大的痛苦。

　　"怕"在某种程度上来说并不是一件坏事，适当的畏惧让人对世间万物多份尊敬和分寸，对浩瀚的宇宙和所有的未知多丝信仰与希望。适当的"怕"让人回归人性，去思考，去感受，去学习，去抉择，去树立一份信仰和一个可以体现人类灵魂高度的价值观。从而不会沦落入金钱与权力的人生观里去，换句话说，真正无所畏惧的人才最可怕。

　　每一个历经害怕和恐惧情绪的人在感知程度上是差不多的，与性别、年龄、种族无关。也就是说一个孩子摔碎了碗怕妈妈指责的情绪和一个成年人凭一己之力做砸一个大项目怕团队指责的情绪是差不多的，都涉及生活的根基；一对逛商场的年轻夫妇突然找不到孩子的恐惧和年长的老人因为身体不舒服怀疑得绝症的恐惧也是差不多的，都涉及生命。当这种可以焚心的消极情绪对人的打击程度都差不多时，如何面对害怕和恐惧把人分成了不同的样子。有的人会被彻底击垮，没病死累死就先把自己吓死；有的人却能够鼓足勇气面对它，即便失败也能不断爬起来勇敢地继续前行，活出最高级的优雅。而当挺过这段逆境，则会发现自己比想象中更强大，世界也比想象中更宽广。

每当彷徨失措的时候，或许可以想一想苏轼那句词："竹杖芒鞋轻胜马，谁怕？一蓑烟雨任平生。"

🅞 10.1　害怕·茕茕孑立

这座城市总是苏醒得很早，昨夜生意场上灯红酒绿、觥筹交错间的浮尘似乎尚未落地，黯淡寂静的路灯就已经迎来第二天的忙碌。

她静默地垂着头，裹了裹近日才买的时装柜台新上线的风衣，衣衫勾勒出她的曼妙身段，精致的妆容修饰着绝美的五官，轻蹙的眉头里却藏着早起赶车的倦意。空荡荡的公交车颤颤巍巍地驶向喧嚷的人群，顷刻间便被无数的身影争相塞满。

"唉——"如同微小的水滴融汇波涛汹涌的江海，她执拗的目光粘在站旁自如驶离的奔驰车上，人头攒动、寒风肆虐的站台落下了一声微不可闻的叹息。身边有人推搡，"挤什么挤？没长眼睛吗！""谁让你踩我！"粗鄙的叫骂声突然在逼仄的车厢漫开，空气中混合大葱的异味持续泛滥，早起精心喷洒的祖玛珑香水的淡淡香气顿时遁于无形，她蹙起眉头意图劝告，却又在目睹了身前大妈臂膀摇摇欲坠的横肉后咬紧了唇。推搡间，她的高跟鞋不知被谁狠狠踩了一脚，黑色污渍赫然出现在素净的鞋面上，宛如成年世界里一个阴差阳错降临的黑色幽默。

昨日加班被领导残酷批评到千疮百孔的策划案浮现在她的脑海，客户漠然的回应把她的提成推向远方，低头凝视鞋上显眼的污渍，她几欲掉下泪来。划痕密布的手机解锁，电子账单上逐渐攀升的冰冷数字宛如一个黑洞吞噬了她眼眸里的光，那微薄的薪金该怎么面对摇摇欲坠的生活？

公交车终于摇摇晃晃地驶向站台，她宛如落寞的幽灵，虚浮地漂移到那熟稔狭小的写字楼里，堆积如山的文件宣告着一如既往的忙碌与压抑。

"小林啊，我这儿忙，你帮张老师把这些文案梳理一下哈！"隔壁桌的老阿姨，仗着老公是集团公司小领导素日浸淫职场，假笑着把文案推到她面前，转头便拿起电话聊着家长里短。

"小林，要提高点效率啊～这点东西怎么弄这么久？加把油，尽快给我。"迟来的王主任挺着肚子踱进了逼仄的写字楼，卷着报刊敲了敲她的肩膀。

她低垂的头颅传递着懦弱，紧握的拳头压抑着难以释怀的愤怒，她只是轻轻地应了一声，便将堆叠的文件垒过窗前摇曳着生气的绿萝。

昏黄的台灯映照着雪白的纸张，她想起自高中而起成为一个自由作家的梦想，年少时落笔写作的酣畅，鼻头发酸之际她拿起陈旧的保温杯，打算离开办公桌打点温水，热气蒸腾间水雾也在她的眼眸里弥漫开来……

无端的害怕再次席卷了她的心灵，四处碰壁的她好不容易换了一份稳定的事业单位工作，兢兢业业做事却仍然要面对淘汰和下一轮的漂泊流离，煞白的面容顿失血色，失业的恐惧把那颗跃跃欲试文学创作的心狠狠打回尘埃里。

她垂下头，摇摇晃晃地走在寂静无人的卫生间，她仔细地凝望镜子里年轻女人的面容，轻微的细纹逐渐浮现在她欠缺保养的眼角眉梢，大大的黑眼圈垂在空洞的眼眸下。是啊，她今年也27岁了，学生时代的人面桃花仿佛在四处求职的碰壁与成人世界推杯换盏的应酬里沦为泡影，她在这场庸碌岁月的时光里苦心经营着维系生计的独角戏，卑微而荒诞。

害怕宛若上古传闻中荒诞狰狞的邪灵，虚浮缥缈的魅影潜伏在人类孱弱和精致的灵魂里，每一个光明降临的破晓时刻都波澜不惊。而一旦漫漫长夜带来死寂与荒芜，猝起的害怕只消一瞬便可断送人们脱逃的生路，层层的黑暗早已遮蔽身后的归途。当预示危险的警铃大作，狰狞的害怕之情总是张开血盆大口，满意地吞噬人类抗争的血性与鲜活的色泽，徒留敏感的感官战栗不已、孱弱的灵魂蜷缩自闭……像黑暗的君主降临人间，高举黑暗的权杖倾覆生命中的点点微光，以邪恶强大的力量威逼众生俯首称臣，折断人之为人反抗的尊严、自卫的荣光，炮制束手就擒任由其驱使的奴仆。

害怕的洪流直接以危险的威胁裹挟着凡夫俗子的身心，操纵着芸芸众生的言行。人类在适者生存的法则中诞生，在弱肉强食的竞争中生存。而当下，有多少人对岁月的流逝惊慌失措，对平庸的人生望而生畏。在生存与自卫的驱使之下，聪慧的人们学会了伪装，以怡然自得的姿态掩饰表象下的惊涛骇浪，用滔天的怒火燃烧深入灵魂的害怕与瑟缩。倘若不闻不问内心深处害怕的叫嚣，泛滥的情绪只会愈演愈烈，终究逾越掩饰的藩篱，以力不可挡之势卷席可悲的灵魂。而这头狰狞的小兽有时却宛若狡黠的精灵，舞弄着爪牙捉弄着成长中逐渐强大的人类，虚晃一拳直击你我对危险的预判。

面具下的情绪精灵

害怕是一种由感知到的危险或威胁引起的情绪，它会引起生理上的变化，并最终导致行为上的变化，比如逃避、躲藏或因感知到的创伤事件而冻结。人类的害怕可能是对当前发生的某种刺激的反应，或者是对认为对自己构成风险的未来威胁的预期。害怕反应来自对危险的感知，导致对威胁的对抗或逃避，在极端情况下，害怕可以是一种冻结反应或瘫痪。

害怕分先天性和习得性。先天性害怕指的是人类本性的一部分，因为早期的人类对危险的情况能迅速产生害怕情绪，从而留在人的基因里。从进化心理学的角度来看，不同的害怕可能是在不同的时期发展起来。有的害怕，比如恐高症，可能是所有哺乳动物的共同特征，发育于中生代；而其他害怕，比如对蛇的恐惧，可能是所有猿猴的共同点，并在新生代时期发展起来。习得性害怕指的是通过经历或观看，后天学到的可怕的创伤性事故。例如，一个孩子掉进井里挣扎着爬出来，他可能会产生对井的害怕，其他孩子也会对此产生害怕。此外，受文化和历史背景的影响也会产生害怕情绪。例如，东方文化中人们对失业的害怕情绪往往大于受西方文化教育的人。害怕情绪也可能受到性别的影响，有研究表明，女性比男性更能识别害怕。当下的现代社会中，人们害怕的诱因往往出现在从信息缺失到信息突围传递的未知害怕。换句话说，当信息不够和信息爆炸时，我们都会或多或少地感到害怕。人类对于未知事物的担忧与恐惧是与生俱来的，当对所遇见的人或事产生一定程度上的戒备与焦虑，人们往往会调动出固有的知识与经验储备体系，尝试对缺失的信息进行一定程度上的突围，而这个过程中则会产生害怕情绪。

害怕通常会给人带来非常直接的生理和心理影响。身体反应表现为身体僵硬、心跳猛烈、口渴、出汗、神经质发抖、免疫功能下降等。如果说人在正常情况下生理组织是收缩和伸展成对交替运行，那么在害怕时，生理组织则会剧烈收缩，密度急剧增大。在心理方面，如果威胁持续存在，我们会不安，甚至发展为难以控制的惊慌状态，严重者出现激动不安、哭、笑、思维和行为失去控制，甚至休克。在危险面前，一个人完全没有恐惧是心理不健康的表现。适当的恐惧有助于人们开动脑筋，主动寻求解决问题的出路。不切实际地夸大危险和困难，容易形成过度恐惧，过度恐惧会对人们形成消极的心理暗示，不利于问题的解决。

情绪舒展

害怕是预知危险后产生的消极情绪，自古以来便涌动在人类的灵魂和记忆里。我们为焚烧的炙热而害怕明火，为窒息的危险而害怕江海，害怕让我们把握住利用万物的尺度。作为原初情绪的害怕之情不仅规避了我们的行为，而且导向了我们的抉择。回顾人类生存繁衍漫漫年月，尚在襁褓时与母亲分别的惶恐不安，蹒跚学步时面对庞然大物的害怕震撼，初入学堂的惴惴不安，成年之时闯荡社会的战战兢兢，疾病蔓延时的担惊受怕，黑暗侵袭时的面如土色，侥幸脱逃时的心有余悸……当灾祸与威胁轻轻地叩动我们的房门，害怕便会悄然占据我们的心灵，预示绯红的记忆与血色的悲哀。

也许是苍穹无垠、大地广袤，立于天地之间的我们在俯瞰群山万壑和大河汤汤后会感叹自己的渺小。当自然的惊涛骇浪威胁人类时，对生存的渴望便激发了我们内心深处对于灾祸的不安，害怕的趋势下亦把躲避推向最直接的选择。害怕是吞噬情绪、恐吓人心的邪祟，也是鞭策前进、规避风险的精灵。也许现代社会中，人们不必再为原始的抢占食物谋得生存而忧心忡忡，但更多的人害怕这一生的碌碌无为和无所建树。我们虽然害怕生命的逝去，但更害怕生命的存在毫无意义，故而在害怕的驱使下我们竭尽所能，去共同创造人生的价值，生命的内涵高下立判。

出于各种原因，人们往往不愿意展示自己脆弱的一面，尤其是害怕。或许，在适当的时候，可以考虑坦诚地对可信任的人表述出自己的担忧和害怕，从而得到他人的理解和支持，帮助维系建立更好的情感关系。

情绪的侧画像

那是一个没有一丝月光的夜晚，乌云阻碍了所有光的来源。朦胧之中模糊的影子若隐若现，一对男女紧握着双手径直地走在墓地旁的公路上。

"好像在拍麦可·杰克森的 MTV 呢？"女人弱弱地小声念叨。

"嗯……小声点，那墓碑还会动呢！"男人不屑地回答着。可，突然不知由何处传来类似重物移动般的"嘎吱"声。两人顷刻间停下脚步，面面相觑。

女人黑色的瞳孔在害怕中微缩。

"没事啦！别自己吓自己嘛！只不过是些树枝沙沙作响的声音啦，风吹的也说不定。"男人嗤笑了出来，温柔地摸了摸她的头。

女人屏住呼吸，环视四周，颤抖的嘴唇似乎想要辩解些什么。她只觉得周遭的气氛十分诡异，仿佛有种邪门的事即将发生。奇怪的是，什么也没看到，没有死者复活的迹象，没有邪祟的僵尸。

两人又开始往前走去，可等她再回头，男人已不在身边。绝望宛如潮水般涌上她的心灵，她闭着眼睛，发出了一声惨绝人寰的叫声。

"醒醒！醒醒！玲玲，你醒醒！！！"清晨，一个男人摇晃着旁边睡梦中惊叫的女孩。

"害怕！"玲玲睁开惺忪的双眼，可怜巴巴地看着身边的男友，瞬间钻入他的怀抱："你刚刚跑哪去了？！别丢下我！"

"行了，行了！噩梦，别怕，我在你身边啊～别怕～"他熟稔地摸着她的头发，安抚着如同受到惊吓的小动物般的她，"以后别看恐怖片了啊！"

"不是恐怖片的事儿，怕～没有你！"她依然紧紧地抱着他，呢喃地责怪着他，但熟悉的气味和体温又让她心里多了几分踏实和温暖。

《梅杜萨之筏》是法国画家泰奥多尔·席里柯用了18个月的时间创作出的来自现实生活的巨画。一望无际的海面，漂浮着一只岌岌可危的木筏，海风鼓起床单做的桅帆，巨浪掀起的木筏在不停地颠簸。筏上的难民有的已奄奄一息，有的还在眺望远方，被簇举在高处的人挥舞着手中的布巾，不断地向远方若隐若现的船只呼救，盼望着一线生机，向往着熟悉的生活。

梅杜萨之筏（The Raft of the Medusa）

作者：泰奥多尔·席里柯（Theodore Gericault, 1792—1824）
年代：1819 年
尺寸：491cm x 716cm
材质：布面油画
藏地：法国巴黎卢浮宫博物馆

◉ 10.2　恐惧·青面獠牙

绝望伴随着恐惧宛如潮水般涌上她的心头，她拿着活检报告结果，缓缓闭上眼睛。回想 6 月的硕士毕业典礼和摄影师高亢的"一、二、三、茄子！"，仿佛就在昨天，那天她在璀璨的阳光下高昂着头，笑得明艳不可方物。

年少懵懂时张小萌听到造化弄人的故事总是不以为意，偕同母亲逛街时听到菜农评价的"众生皆苦"更是嗤之以鼻。回顾人生岁月，她似乎一直是命运的宠儿、视觉的中心，仰着脖颈承接上帝恩赐的露水，在他人的艳羡和传颂中做那成功的花儿——父母宦达、家境优渥让她自小跻身于优越阶层，任何喜好都能在物质堆砌下孕育滋养；资源优厚、天资聪颖让她成绩骄人遥遥领先，在成人之际轻松迈入众人仰望的燕园；天生丽质又善于修饰雕琢她年轻美丽的容颜，高雅的穿着和长期养尊处优温室环境下内蕴着特殊的气质。心仪的男生无一不把对她的喜欢流露在眼角眉梢，大学四年更是携手男友体验一长段浪漫而深邃的爱情。她的生活太过顺遂，就连同龄人皆痛苦挣扎的高三都轻描淡写，本科毕业后的去向早已由自己与家人选定，以至于小小烦恼寄寓在一些诗词歌赋的刻画描绘、与朋友聚会后短暂分别的淡淡惆怅、身体隐秘处偶尔的略微不适罢了。

她也许敬佩过贫寒中挣扎出人头地的人，但她更欣赏在顺境中天分、财富或运气方面都无比充盈，即使肆意挥霍也不心疼的人。葡萄美酒夜光杯，兴之所至，也可以照直了往墙上砸。她不算骄傲，可多多少少以为自己是后者。

来自身体微微的刺痛打破了她天马行空的遐想，随着毕业典礼的结束，疲倦的她走在回家的路上隐隐有些不真实的虚妄感，想起下午母亲特意为她预约的全方位体检，她压下了内心躁动的揣测与不安。静默地做完最后一项检测，她回家等待着检验报告出来，清晨的一个电话，给懵懵睡醒的她当头一棒，医院通知进行活检。心里猛然一紧，后背发凉，双手似乎也抖了一下，巨大的恐惧与疑云笼罩了她："我怎么了？我究竟是怎么了？"匆匆赶往医院，她宛如一个失去灵魂的幽灵。躺在手术床上，冰冷的手术钳探入体内，剥离血肉模糊的病变组织。麻药解除后的剧痛让她肝胆欲裂，紧咬下唇再度行进在前往肿瘤科的路上。漂亮的低跟鞋击打地面清脆的声音恍若夺魂的咒语，一下一下把她的心撕扯得支离破碎，眼见"肿瘤科"这冰冷赫然的三个大字，她的泪水倾泻而出，摇晃着身体在医生的叹息声中拿到活检报告结果——宫颈癌变！

她才24岁，她正前程似锦，那一刻她看见狰狞的死神轻轻敲着诊室的房门，滔天的恐惧席卷了她的心，她颤抖着双唇，张开又合上，医生的劝慰、家人的泪水都恍若失去了声音，她拿着活检报告，缓缓闭上眼睛……

恐惧的基因镌刻在我们大脑的神经里，宛如血色的迷梦裹挟惨痛的记忆，它的泥淖可以淹没人们一切的希望、安全与生气，涌动着绝望、危险和死气沉沉的泡沫。

面具下的情绪精灵

恐惧情绪是一种强烈的惊骇、震惊和厌恶的感觉，往往是在看到可怕的景象、声音或其他经历后产生的厌恶感。在人脑中，恐惧系统独具认知渠道和专用的储存创伤记忆的线路，对危险的感受在大脑中沿两条路径传递：一条来自意识与推理，一条来自无意识和先天机制。就好像当你在漆黑的森林行走时，突然左侧前方有一个物体一闪而过，同时听到了簌簌的响声。你甚至尚未反应出是什么时，便会出现心跳加快、手脚出汗、呼吸困难的生理反应。我们的视觉和听觉感官将基本信息传递到视觉和听觉丘脑，信息于此沿着两组路径传递。一组信号流向大脑皮层，其与即时感知的信息数据进行合成，派生出更复杂的联系，再对大脑发出警报，促使人类对周围潜在的威胁有所警戒，两条路径的主要区别为数据传输的时间差异。

　　一般情况下，自然人性的恐惧感属于一种原生性激情。人们的恐惧感往往源于对未知事物的想象，其内涵更多是一个人对损害性事物的想象或看法，即个人对这种损害性物体或事件深深地嫌恶和无能为力。恐惧大致可以分为三种不同的形式：首先，对伤害性不是特别大的事物的恐惧，即怯懦；其次，人们头脑中假想出或根据传说构想出的，那种对于不可见的力量的畏惧，如宗教；最后，不了解原因或状况的畏惧，如恐慌。从生存论的视角来看，人们对暴力死亡的恐惧往往是相通的。死亡恐惧是人类问题的主要根源，也是人类动机的核心源泉，这种恐惧感甚至可以摧毁个体正常的心理功能。当人们意识要面对死亡时，不仅仅会质疑自我存在的意义，更多的是一种令人厌恶的不确定感，即个体不知道自己会在何时、何地、以怎样的方式死去，也不知道死后会发生什么。死亡恐惧往往摧毁一切意义、破坏一切关系、泯灭一切欲望。而此时，我们需要相信自己生命的意义，相信自己是这个世界中有价值的一员，或是任何能够消除或降低这种不确定性的答案。任何答案都可以。

　　现代社会中，很多人对外界评价的恐惧不次于死亡。这种对他人负面或消极评价的担忧与恐惧称为负面评价恐惧，对他人正面或积极评价的担忧与恐惧则称为正面评价恐惧，两种恐惧统称为评价恐惧，是社交焦虑的一种重要特征。负面评价恐惧更多指的是参加聚会、发表演讲等公众情境中，对广泛社会评价而产生的焦虑。这种恐惧情绪不同于社交焦虑，但又与之紧密相关。人们对负面评价恐惧往往仅属于对不利评价的恐惧感，而社交焦虑则是对整个情境的综合反应，包括社交活动时的声音、灯光、场所、气氛等。而正面评价恐惧，是指有些人会对他人给予的正面评价而苦恼、担忧和恐惧。在社会交往中，积极乐观的人通常会在获得积极反馈后受到鼓舞，产生快乐和满足。而对于那些对评价有恐惧的个体来说，他们会担心外界对他们抱有更高和更多的期望，同时他们也深知自己的典型行为表现不会有大的改变，最后担心当下的正面评价会导致后来的负面评价。总体来说，负面评价恐惧和正面评价恐惧，作为两个维度，是相互独立的结构。对于有评价恐惧和社交焦虑的个体，无论是正面的或负面的评价都将导致焦虑体验的产生。

情绪舒展

面对恐惧情绪，一个人的文化和信念发挥着至关重要的作用。无论是文学作品还是象征性的事物，我们都需要去相信自己所持有的文化世界观是正确的，从而去解释存在的意义、行为的合理性、超越肉体死亡的象征意义或生命的不朽和永恒。此外，相信自己的价值观和所遵守的价值标准，相信自己能够面对或是超越所遵守的价值和价值标准。

与死亡相关的焦虑是个体恐惧的最根本的来源。但相对于死亡，真正令人恐惧的是它的聲音，是那种晕染无数未知的迷雾威胁和吞噬灵魂的力量。当人们陷于恐惧情绪时，往往犹如掉入奔涌危险的河流里，不断地挣扎，不断地呛水，再不断地挣扎。这种情绪可以把人变成不同的样子，而如何对待这种情绪则把人划分为不同的类别。拿死亡来说，相比较一个没有恐惧感和一个有恐惧感的人，他们在情绪和状态上存在着巨大的鸿沟，一个会死于一瞬间，而另一个则不断地在死。如何战胜恐惧，似乎是我们都需要面对的课题。

情绪的侧画像

日落时分，云被染得红红的，像血一样。蒙克和两个朋友一起沿着海边便道散步，他倚靠在栏杆上，疲累难以言说。朋友们继续往前走，他落在了后面，他听到一声刺耳的尖叫穿过天地间。蒙克停在那里因不安而颤抖着，生命的脆弱，家庭的衰亡，孤独、惊恐、绝望，长期困扰在蒙克的心里。

他捂着耳朵，几乎听不见那两个远去的朋友的脚步声，也看不见远方的两只小船和教堂的尖塔，惊恐的眼神透出万般的失落与迷茫。孤独紧紧缠绕着他，似已被自己内心深处极度的恐惧彻底征服。他承受了很多别人难以感受到的困苦、恐怖与绝望，最终爆发为一种孤独可怕的生命的呐喊。圆睁的双眼和凹陷的脸颊，表现着与死亡相联系的扭曲面孔，如同一个尖叫的鬼魂。

呐喊（The Scream）

作者：爱德华—蒙克（Edvard Munch, 1863—1944）

年代：1910 年

尺寸：85cm x 65cm

材质：纸板坦培拉

藏地：挪威奥斯陆国立艺术、建筑和设计博物馆

第
11
章

天凉好个秋

少年不识愁滋味，爱上层楼。爱上层楼，为赋新词强说愁。

而今识尽愁滋味，欲说还休。欲说还休，却道天凉好个秋。

辛弃疾《丑奴儿·书博山道中壁》

● 11.1 焦虑·彷徨不安

"你在厕所里磨蹭什么呢？快出来吃饭！"老婆的声音又直穿层层门板，老赵连忙收回思绪："来了！来了！"由于喊得太急，他咬破了嘴里的泡。顶着钻心的疼痛对着镜子查看，突然被自己满头白发、龇牙咧嘴的样子刺了眼，焦虑和疲惫压在镜子里中年人松垮的皱纹上。老赵匆匆关上卫生间的灯，步履沉重地向油光满面的妻子和永远低头玩手机的儿子走去。

老赵是个普通人，娶了个不难看的老婆，生了个还算听话的儿子，干着稳定的工作。20年前刚大学毕业的时候，他成绩中上，进了赫赫有名的外资公司。薪水一般，但五险一金样样不落；效益平平，不过老牌公司旱涝保收。人人都说这是个铁饭碗，老赵就兢兢业业干到中层。谁知两天前集团领导突然宣布半年后地区部门裁撤，部分员工调岗，其余人员略加补贴后终止雇佣合同。人到中年又不是高层的老赵，理所当然是第二种。48岁的老赵就要失业了。

他知道自己是再难找到工作的了，也许职业生涯就剩这看不见亮的半年。正因如此，他提不起精神，每天一坐在工位上就陷入焦虑和绝望，啥都干不了，去茶水间还能把自己的手烫着，短短两天嘴里起了一串泡，喝水都疼。跟他岁数差不多的老陈、老周，比他职位还低，但是人家根本不着急——都是"房爷"，拆迁后房产证能打牌，工作也就是个消遣，再在这办公室坐半年，老陈要去开滴滴，老周去开修理摊，就图个充实。小吴，虽然是"小"吴，但其实能叫一声吴总，公司本来是要留他的，但是小吴觉得这死气沉沉的地儿没前途，正好半年之后领笔补偿金，顺理成章就跳槽了。其余的年轻一点的公司都留了，唯独王工和他年龄、职位都相近，但人家是985学校毕业，工程背景足，这两天天天看招聘网站递简历，甚至已经收到俩面试通知。

老赵觉得自己的生活毫无希望，萎靡不振的他更忐忑不安的是，老婆还不知道他马上要下岗的事。他不知道该怎么对她说，越拖越开不了口。

老婆是快30岁的时候别人给介绍的，两人按部就班结婚生子之后，为了减轻自己的家庭任务量，老赵劝老婆换了个轻松工作，这下贤妻良母就都是她来当。她自己文化水平低，也不讲究，不到50岁就成小老太太了。这些年看起来在家呼来喝去，但也只能以老赵为天、儿子为傲，被生活捏圆揉扁。如同荧幕上的"中国式婚姻"，表面上看，有巴掌大的房子和经济适用小轿车的一家人生活安稳和睦。

老赵不敢想象自己失业之后，未来家里怎样维持下去。难道要靠老婆三五千块钱的工资支撑么？即使他和老婆省吃俭用，毕竟还有个生龙活虎的儿子啊！还有老妈，今年80岁了，身体虽然还算硬朗，但是还能硬朗几年呢？他现在自身难保，怎么帮老母亲有备无患？一想到这些，想到要硬着头皮去说"我失业了"，老赵心里就发怵。还会有哪怕是表面的尊重么？

总有一些深夜，我们有着对前路迷茫、不知何去何从的烦躁。它让呼吸都变得沉重，但人们往往选择默默承受。在东方文化里，成年人的压力仿佛是不该也不能相互分享。每个人都在自己的赛道上奋力前行，很难分出时间和精力去处理别人的焦虑。"多喝热水""好好休息"这种基本的关心如今也被飞速的社会节奏给带坏了，以至于让人分不清情感的良莠。人们拼命地往前跑，慢慢地失去了真诚关心另一个人的能力，慢慢地自己也陷入无止境拼命奔跑的焦虑之中。

人们对于焦虑的无知让它肆意增长，不良影响也逐渐发酵成可怕的乌云。它本来只是精神世界中很小的组成部分，却可能因为不当的处理变为逐渐吞噬一切的洪水猛兽。

面具下的情绪精灵

焦虑不是"矫情"和"没事找事"，更不是压抑和忽视就能解决的事情。每个人的焦虑等级对于一个客体来说都是一样的，不会因地位、财富、智慧的不同而存在高贵或低贱。当社会开始追求饱暖以外的精神富足，把握自己的焦虑情绪并合理控制、理解身边人的焦虑并给予支持，就是每一个人必须具备的能力。而这首先需要我们揭开焦虑的面纱，去认识这位怪朋友。

焦虑是人类的基本情绪之一，起源是古人类在面对生命威胁时的荷尔蒙反应，即当怪兽扑来时，或当狂风暴雨时，或面临极度食物短缺时，大脑就会释放激素让人进入奋力一搏的状态。对于现代人来说，虽然不再像祖先一样时刻面对大自然的无常，但生活中超越掌控并需要关注的点随着文明的进步只增不减。当自我掌控力和预期目标及外部环境产生较大差距时，失败感和内疚感使紧张、担忧等一系列不愉快的心理状态不可控制地发生，这种情绪就是焦虑。

焦虑产生于很多环境因素或事件的刺激，如越来越快的社会节奏、越来越复杂的人际关系、各种超乎自己掌控的未知，因此工作、家庭、感情都可能成为焦虑的诱因，它也成为目前最常见的情绪问题。可是，只有少数人能够正确识别自己的焦虑情绪，并作出合理应对。对焦虑情绪起源最大的误解之一就是"矫情"，认为焦虑是不知人间疾苦的无病呻吟。焦虑的产生并不能因为一个人的生活富足、智力出众就可以避免。它来自目标和现有状态的相对差距张力，而非目前的绝对位置。正因如此，当认知水平更高、视野更宽广时，焦虑情绪反而更有可能出现。这是更高的自我要求所带来的无力感。

适度的焦虑可以唤起人们的斗志，对人类的生存有重要的意义。但是焦虑的发展程度往往不可控，进而演变成难以专注、暴躁压抑的负面状态，如过度的焦虑情绪可能导致心情低落、无法控制自己的担忧、难以集中精力、脾气暴躁、失眠等症状。如果焦虑加重至病理化，如抑郁症、强迫症、创伤后应激障碍、广泛性焦虑障碍、恐慌症等会对生活造成更严重的影响，甚至危及生命。

焦虑的常发意味着一个人的情绪控制力较弱，而这也会给其他负面情绪以可乘之机，如无力感、悲伤、愤怒等，从而导致情绪状态进一步脱轨。因此，摆脱焦虑需要社会性的帮助，但焦虑情绪中的社交消极，又会倾向于让焦虑者陷入恶性循环，从而严重影响一个人的社会生活。其主要表现在社交能力下降和社交积极性减弱两方面。

■ **社交能力下降**：主要包括焦虑者在对话中不善于进行眼神交流，也不注意非言语的情感交流。由于焦虑的另一产物是情绪摇摆，即喜怒无常、无缘无故的心情转换，这在社会交往中容易产生误会，从而使焦虑者更难融入人群。

■ **社交积极性减弱**：主要指焦虑者失去跟随时代潮流、参与公共事务的兴趣。研究表明，高焦虑者与他人交流时更易缺乏信心，倾向于预期负面结果。

情绪舒展

每个人的焦虑都值得被重视，而焦虑的应对和引导很难靠一己之力完成。无论焦虑的诱因为何、程度如何，所有人的焦虑情绪都值得被认真对待，而这需要大众的同理心和非歧视态度。当自己产生焦虑情绪时，我们不必讳疾忌医，要积极寻求有效的应对和疏解方法；当身边的人产生焦虑情绪，我们尽可能不冷眼，不吝给予深层的支持和帮助。

面对自我焦虑，首先是客观合理地识别和接受，然后才是治愈。克服心理障碍，保持开放的心态主动寻求交流沟通，使自己不与社会脱节，因为参与感所带来的支持力是克服焦虑的良药。此外，科学地了解焦虑这种情绪，学会与它共处。例如，焦虑的三个组成环节是想法、情绪和行为。"想法"是外界因素所导致的大脑反应，而这种思考往往不可控，也就是说我们很难禁止自己去想某件事或某个人，相反这种控制会强化它的出现。"情绪"也是不可控的，首先我们无法命令自己去喜、怒、哀、乐，此外焦虑这种情绪本就来源于压力和控制欲，如果再施加"不要焦虑"的控制条件，则会更加加重焦虑。因此，只有"行为"这一环节是应对焦虑的切入点，所以一个调解焦虑情绪的循环是：

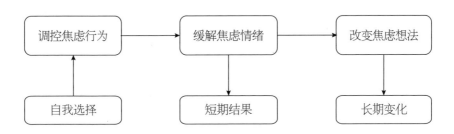

对于他人的焦虑，我们应该给予及时的重视和帮助。越来越多的人由于无

法合理排解自己的焦虑情绪，使其逐渐演化为抑郁症等精神疾病。绝大多数抑郁症患者都曾经向世界寻求帮助和支持，但是由于身边人的脚步匆匆、无法换位思考而最终陷入无边的绝望。帮助身边焦虑者的方法包括自我准备和关系引导两部分。

■ **自我准备**：首要环节是了解焦虑的诱因。在普遍熟知的基本情况基础上，进一步了解身边人产生焦虑情绪的具体形成过程。其中涉及积极倾听这一沟通技巧，其间需要保持自己的情绪稳定，耐心提问引导对方表述，以对方的表述为重心。培养自己设身处地的同理心，同时将注意力放在对方身上，并需要放下偏见与评判。大多数人都善于急不可耐地跳到结论，指导别人的人生。对于很多焦虑者来说，有时需要的就是一个倾听、一种陪伴和一份理解。因此，对于他人的焦虑需要注意边界的把握，不过度安抚，以避免加重对方的焦虑。

■ **关系引导**：通过适当赞扬焦虑者的积极行为来实现正向强化，帮助对方加强社会交往。但当对方做出负面焦虑行为时，则需避免批评和反驳，通过回忆和假设尽力引导对方转换为社会积极行为。即使没有效果，也要控制自己的情绪不给焦虑者施加更多压力。如果身边人的焦虑已经超过情绪波动的范畴，要适时建议对方寻求正规治疗，同时做好准备应对焦虑有关的惊恐发作等急性症状。

应对焦虑情绪有很多具体方法，除了增强社会交流、对外寻求引导和帮助以外，当我们独自面对焦虑，也有以下一些可用之策。

■ **呼吸感知**：深呼吸是最简单的放空大脑和身体的方法。如果焦虑使我们的身体感到紧张，可以先暂停手边事务，做 3 个深深的腹式呼吸。先用鼻子吸气，使整个腹腔充盈，尽量延长吸气时间，直到无法坚持时开始腹部发力缓缓向外吐气，直到身体薄而扁平。重复的过程中不要心急，要使每一个循环都到位且绵长，这样我们可以充分放松身体，更好地体会自己的身体和外界交互的活力，增强控制感。

- **3-3-3 法则**：如果焦虑的心情让我们的头脑一团乱麻，那不如先停下纷繁的头绪，快速列出自己可以看到的 3 个物品、可以听到的 3 种声音、可以感知的 3 个身体部位。这种简单的思维过程使大脑开始关注其他事物，暂停运行有关焦虑的想法。

- **运动**：起立、散步、运动，使身体运转起来。焦虑使人的意识进入疲惫毫无效率的状态，所以我们可以先把注意力放在身体上。即使是最简单的身体活动也可以加速新陈代谢，"有事可做"使我们有获得感和成就感。站起来伸伸懒腰，活动一下脖子和颈椎，或者原地跳一跳、跑一跑。如果条件允许，更好的方法是做一些中高强度的运动，这会使大脑分泌更多的多巴胺，从生理上帮助我们消解焦虑情绪。

- **放松**：听音乐、看电影，放松心情。最爱的歌曲和经典的影片有让人暂时沉浸在非现实世界中的魔法，它们可以让我们离开焦虑，去享受生活。舒缓的轻音乐或是动感十足的舞曲，都能让我们的心跟随它们的频率；拍摄手法独到、情节引人入胜的电影会让我们忍不住去关心故事的发展方向。它们共同的目的是使我们的注意力分散到除焦虑想法以外的事情上去。

- **规律作息，健康饮食**：规律健康的生活可以让我们维持更强大的体魄，有更多"革命的本钱"来应对焦虑；同时，正常的饮食起居给我们更多建立和维持社会关系的机会，有助于摆脱无力感。清晨和家人互道一句早安，中午和同事朋友一起享受午餐，都能让焦虑的人感到被关心、被爱，感到自己真切地存在于社会生活中。虽然大量进食可以在短时间内让我们忘却烦恼，但长期依赖暴饮暴食会带来健康、身材等一系列使人焦虑的新问题，饮鸩止渴不可取。

情绪的侧画像

"后天的展示老板说还要修改,这次直接向集团董事会汇报,得抓住机会……下周女朋友的生日,得抽时间好好挑礼物,去年买的礼物她就不喜欢……房贷交完好像就不剩多少钱了,那兄弟的婚礼包多少红包合适?牙也该补了,可不能再拖了……"

凌晨一点半,陶伟洗漱完毕躺在床上,一整天的繁忙工作将精力消耗得一干二净,已经疲惫得头昏脑涨,但却总有那么一丝意识伴随嘀嗒的钟声不肯安眠,让他感到有些迷茫和不知何去何从的烦躁。

毕业后在魔都奋力打拼了 10 年,陶伟已站住脚跟,过着有房有车有户口的新上海人生活。可他似乎只有在凌晨时分,才能喘口气,和自己待会儿。在这座城市里,每个人都在自己的赛道上奋力前行,嘴上的"多喝热水""好好休息",又有几个能在精神上互相倾诉,治愈心灵。他并不抱怨,也知道其实很难长期分出一整块时间和精力去在意别人的焦虑,同时,也很难真正地去理解他人深层次的感受。

陶伟熄了灯,闭上双眼,均匀地做了几个长呼吸,准备入睡。他已经没有力气去想明天展示的修改细节、买什么礼物送女朋友当生日礼物、包多少红包……可这些焦虑情绪似乎不愿就这么放过他,那些需要展示的 PPT 反复回到脑海,使劲将它们推出脑海后却又挤进女友的笑脸,好久没看她大笑的样子了……

挪威画家爱德华·蒙克的绘画作品往往带有强烈的主观性和悲伤压抑的情调,对心里苦闷的强烈的、呼唤式的处理手法影响了很多人。透过风景和肖像,人们可以深刻地感受到不安和焦虑,以及在焦虑情绪中,当人面对无法抵挡的性的力量时的那种无助,从而客观地去叹息生命的神秘和渺小。

《灰烬》描绘了一段悲观的男女关系,如同作者在一个平版印刷版给予的主题一样，"我觉得我们的爱情就像一堆灰烬一样躺在地上"。画中可以看到在西昌树干的黑暗背景下，一个穿着红色内衣、白色裙子的女人站在我们面前，画面的左下角处坐着一个男人，背对着她。女人瞪大双眼，高举双手抓着蓬松的头发，整个姿势表现出绝望但又似乎富有力量和些许胜利感，好像在告诉大家发生了什么。男人孤独沮丧地抱着头缩坐在一侧，肤色都带着冷色，唯一和女人的联系就是他肩上还搭着女人的红色头发。

灰烬（Ashes）

作者：爱德华·蒙克（Edvard Munch, 1863—1944）

年代：1895 年

尺寸：120.5cm x 141cm

材质：布面油画

藏地：挪威奥斯陆国立艺术、建筑和设计博物馆

◎ 11.2　厌恶·满目疮痍

"今天在公司那个俪铭呀，穿得花枝招展的，真不知道是来选美还是上班。让她写个报告，改到第四版都改不好，熬个夜也是诸多抱怨，年轻人熬个夜怎么啦？能力不行！她穿成这样去蹦迪不也是玩到三更半夜？怎么到工作上就这么为难了？这种人就得注意专业素质，我作为主管对她严格是为了她好呀！我们不也是这样走来的吗？"赵芳丽刚进餐厅坐下就跟老公唠叨起来。

48岁的她一直都是直性子，与50岁的丈夫陈建华成家已有25载，育有一子，都在事业单位，小有所成，过着比上不足、比下有余的日子。对于从外地考入北京、留下工作的他们来说，已经很满足了。今天是他们的结婚纪念日，当初本着感情好就结婚的他们虽然也不太懂爱情到底是什么，也不想去体会那套虚头巴脑的浪漫，但还是赶热闹地订了家西餐厅庆祝一下。

"好啦，好啦，咱们周年就别谈公事了。你也是的，在公司也好，在家里也好，不要老是这么苛刻嘛……"陈建华虽说在单位里已是正局级干部，但在家还是对老婆言听计从。相处之间，唯唯诺诺，但又藏不住敷衍中的不屑，结婚25年，心里有多爱也说不上，即便当初结婚时也是稀里糊涂，似乎他们那个年代就流行这种模式，他也早已习惯并有自己的一套应对方法。

"谁'老是'了？指桑骂槐呢吗？你不满意了吗？这么不满意你自己吃好吧！"

此刻陈建华瞳孔张大，他知道自己说错话闯祸了。

赵芳丽离座，走到公用洗手的区域，一个醉汉从一旁男厕出来，带着一身酒味和呕吐异味离开。她感到恶心无比，眉头紧皱，并用左手手背捂住鼻子，自言自语起来："什么人啦这是？中午喝到现在吗！？现在西餐厅都这样吗！"

在抱怨的同时，赵芳丽看到镜中自己年华老去的容貌：法令纹随着撇嘴显得深邃，鱼尾纹与额纹因皱眉和斜视而显现；干巴巴的皮肤甚至不能使粉底稳稳贴服，像一块又一块浮起来的色块；一头短发永远都整不出发型师说的那种效果。此时，世界仿佛关掉了灯，只剩下一片寂静，只有镜子陪着赵芳丽一人，而镜子里只有一个穷酸、刻薄、随时准备战斗、令人厌恶的可怜女人。

她突然想到自己年轻时特别厌恶，也令她特别害怕的一个邻居阿姨，那阿姨的干瘪面容、尖酸的神情、刻薄的言辞，还有时不时只赏赐她们年轻女孩的狰狞嘴脸。赵芳丽突然有些害怕，害怕自己终究成为自己曾经最厌恶的样子。

厌恶是人最基本、最原生的情绪之一，也是一种人们与生俱来的本能情绪反应。通常是指在一段时间里，被潜在有害、冒犯性的事物挑起的憎厌和抗拒。厌恶情绪有的来自先天基因里的抵抗，有的来自后天社会文化的熏陶，还有的来自个人心理的影响。往往是不假思索地突如其来，来也匆匆同时去也匆匆。

这种情绪的表现不分国界、民族、年龄，即便是牙牙学语的婴儿亦能够做出皱眉、扁嘴、作呕、发抖等厌恶的表现行为。厌恶这种情绪自幼便伴随着人们，并善于通过无法控制的非言语表述出来，面对突如其来极端厌恶的东西，即便心理素质特别强的人也很难掩饰微表情等细微动作。不少人甚至在产生厌恶情绪时，别人都清清楚楚地看在眼里，而自己却还不知道，从而一方面任由它悄悄地在我们眼皮底下影响着对外沟通，另一方面也纵容它偷偷地侵染我们的心理。

生理上的厌恶感受人们很难干预控制，相对而言，后天的心理厌恶和自我厌恶则更容易调控。当一个人心境狭隘如井，眼前的一切都会是值得讨厌的异类，因此频发的厌恶自然就是一种心病。这种使人恶心一切，甚至连自己都觉得碍眼的心病，不可避免会把自己不自觉地变成他人厌恶的源头。既然病根在于狭隘的内心，那么治病的这一帖药方其实很简单：不断学习、成长，打开心扉去看更大的世界，对自己宽容，对他人也会宽容。自己不再总是感到厌恶，自然也不再成为总是让别人恶心的源头。

面具下的情绪精灵

厌恶大致可以分为三类，分别是：先天性对外界怪异物体的抵触，后天性对外界行为习性的厌恶，对内的习得性自我厌恶。其中最原始的先天厌恶感源自求生的本能，主要在遗传之中已经深植在我们的脑海。人们往往厌恶呕吐物、排泄物、溃烂的伤口、变坏的食物、蠕动的害虫等生物和微生物；不需要喝完过期的牛奶也能在入口时察觉到不对劲；明知动物园的蛇不会伤人，也会不寒而栗。就是这些原始、简单的知觉让我们躲过无数次危险。

后天对外界的厌恶感指的是一些看似对生命没有即时威胁的怪异事物或行为，且人与人之间不一定普遍共享这种厌恶，往往来自世界观、价值观、道德观的冲突。当某些事情与我们所相信而接受的世界观发生冲突时，那个事物仿佛就在挑战本人的存在，于是便产生一种主观感知上的危险，从而容易滋生厌恶感。对于思想封闭的人或组织来说，一切新生的人或事都会让他们产生厌恶情绪。自我厌恶则是指当想象中自己的形象或能力和真实情况出现较大落差时，产生的一种内在对自己的厌恶情绪，认为自己"没有价值""不值得""讨厌"等。

先天的厌恶比较容易理解，主要在遗传过程中已经深植在我们的脑海。后天的厌恶则主要是通过联想和条件反馈形成，也就是通过把特定事物联系至容易让人感到厌恶的事物，从而投射、转化那份厌恶感。例如，德国纳粹曾把犹太人联系至跳蚤和老鼠，从而发动更强烈的反犹情绪，或是部分反同性恋团体通过联系同性恋者至特定器官和传染疾病，试图让人产生厌恶。自我厌恶的形成则相对为条件反馈，即当外部环境设定一些期待和行为，如指定的销售额、成绩、研究产出等，而当人们没有达到时，便容易被外界否定、忽略和责罚，从而质疑理想中的自己和能力，也慢慢开始厌恶那个不被渴望、令人讨厌的自己。

情绪舒展

厌恶的表现一般都比较原始且直接，并很难以隐藏。在言语上通常是"噁！""咦~"，而在非言语上则是皱眉、撇嘴等。留意自己的这些表现和行为有助于意识自己厌恶的东西、行为、人或事，并发现潜在问题，然后去推断起因，从而了解是否为自己所能控制的范围，并寻找解决办法。

面对厌恶情绪，无论是令人恶心的呕吐物或遭人讨厌的病态行为，转移和对冲都是帮助自己尽快脱离这种情绪的好办法。转移简单来说就是转移注意力、转移目光，往往在更换物理位置的情况下更好，也就是换个地方。对冲则是用一个相对比较对立的情绪去中和，就好比特别愤怒（消极情绪）就去寻找快乐（积极情绪），或钦佩一个人或事过了头，就应该去看看这个人或事不是那么尽善尽美的地方。那么，面对自己喜欢尊重的人的一些令人厌恶的行为或习性，如不讲卫生，在还希望继续保持原有情感和关系的情况下，则可在适当提醒的同时多看对方的优点。

情绪一般都是受事件激发而产生，很多人往往会在受刺激的情况下反应太大，说话不注意方式方法。而当意识到自己或他人情绪过激时，或许有些话或表情已经无法挽回。对于外界的厌恶情绪，无论是先天还是后天，都可以用适当的语言表述出来，以得到身边人的理解，从而尽快地调整心态，如："这里（这些东西）让我觉得不太舒服，我需要换个地方透透气。"对身边亲朋好友不良习性的厌恶情绪则可以通过"问询认知＋建议行为＋积极效果"的方式来阐述，如："你的头发是不是已经 3 天没洗了？你闻到怪味了吗？去洗洗头吧，蓬松芳香的头发让你又帅又有魅力哦。"对于自己无法直接控制且令人厌恶的事件则需要依靠社会、法律和更多的智慧去规范。

情绪的侧画像

柳欣昱凝着眉头，只觉得胃里一阵翻滚难受。

"不好意思，借过一下。"她小声地跟坐在旁边的同事打了个招呼，弯着腰轻轻起身溜出大会议室，向卫生间走去。

"……就是！讲的什么玩意儿～满嘴的仁义道德，假大空！这么赤裸裸的摆谱，炫耀优越性，当我们傻吗！"

"你说他早上出门照镜子了吗？这么油腻还什么'……男人是天，应该更有担当……'，一会儿又套近乎说什么出门要请示家里领导。你看到他的微表情没？我都快吐了，得是什么样的老婆有他这样的'天'！垃圾！"

"真是！哪来的优越感？雄性激素吃多了吗？应该是贫穷和狭隘限制了这位大哥的想象力！唉，一会儿出去吃饭吧？"

"行啊……"

一进洗手间就听到这么一段对话，柳欣昱会心地抿嘴一笑，看来人民的眼睛是雪亮的。她用水拍了拍脸，卫生间的凉气也让她翻腾的胃好受一些。

《婚后不久》是《时髦婚姻》六幅画中的第二幅，由英国肖像画家和讽刺文学者威廉·贺佳斯创作。它描述了酒醉困乏的爵士依然身着头天晚上的服饰，妻子则伸着懒腰，彼此的厌恶在相处中暴露无遗，而管家正忍无可忍地愤然离去。讽刺地揭示了当时社会风气下，妇女被安排婚姻的弊端，抨击着上流社会"时髦"的形形色色。

整套油画以连续性的故事情节叙述了一个贵族子弟与一个暴发户的女儿订了婚约，而两个无爱情可言的人婚后不久，男的在外面寻花问柳，女的整天挥霍无度和一个律师勾搭成奸，在决斗中律师杀死了贵族子弟，妻子不堪良心的折磨，服毒自杀而告终的完整故事。

婚后不久（Marriage a la mode）

作者：威廉·贺佳斯（William Hogarth, 1697—1764）
年代：1743 年
尺寸：69.9cm x 90.8cm
材质：布面油画
藏地：英国伦敦国家美术馆

第
12
章

似是而非

　　善良不一定永远都被理解，坦诚也不一定总能得到尊重，因为不同的人生经历塑造不同的个性和态度，并不一定谁对谁错。虽然人的情感基本相通，但每个人却也有着自己的脾气，因此，人们常说的同理心似乎容易，但其实也非常不容易。看遍人间万态，大多数人习惯设防，而总有些人不断选择去相信、去共情、去理解。这些人不是傻得不会被伤害，只是选择用那几分看似漫不经心的态度，过些真实且纯粹的日子，直到筋疲力尽。

　　情绪中的"疼痛共情"和"厌倦"往往根据个人的年代烙印、感知能力、文化教育背景而表现各不相同。这两种情绪通常并不会直接冲击人的"真身"，但却总能通过其移花接木的本事，给人造成无形的消极感受。

◉ 12.1 疼痛共情·同理

地震后。

高楼大厦被夷为平地，目光所及之处满是断壁残垣，活下来的人哭喊着，哭着他们逝去的亲人，哭着他们无处找寻的家。元妮也跪在地上，她的脑子里只有刚刚的那句话："儿子女儿被压在一块板的两端，只能选一个，你救谁？"是啊，该救谁呢？她懵了，身上的泥沙和血水混杂在一起，早已分辨不出皮肤的颜色，但她已经感受不到痛了。她眼睁睁看着丈夫为了救自己被埋在倾覆的楼房之下。她已经没有丈夫了。她不能失去更多了。元妮无法思考，她浑身颤抖："两个都救！两个都救！"她一遍遍地重复着，救援的人一遍遍地告诉她："只能救一个。"

只能救一个。

"再不做决定孩子都没声了！"

当头棒喝。元妮清醒了。她知道自己要作出决定了。

"救弟弟，救弟弟……"

元妮声音微弱得让人听不清。

两个孩子都挖出来了。元妮把女儿抱到丈夫的尸体旁。

她不愿放开女儿。她紧紧抱着女儿，母女俩脸贴着脸，只是一个还温热，一个已经冰冷。她号啕着，甚至顾不上回头看看活下来的儿子。

她背着儿子往前走，肢体僵硬，步伐踉跄。

她说："没了，才知道什么叫没了。"

《唐山大地震》电影桥段

有些情景无须你亲身体验便能感受其深切的痛苦，以至于难受、落泪。这就是疼痛共情（empathic pain）的作用使然。疼痛共情是一种对他人的疼痛感同身受的能力，其高低与个体的情商密切相关。作家丁浩曾说："情绪是息息相通的。"这其中有着自然生理反应的作用，更有一个丰富而充盈的灵魂对另一个满身伤痕的灵魂的体察和关怀。在疼痛共情中，两个灵魂紧紧相拥，他们分享着等同的痛苦，却也感受着相通的慰藉。懂得疼痛共情的人，生活是更加丰富的，因为在共情中，他们体会着人生的更多种可能，生命仿佛被延长；懂得疼痛共情的人，灵魂也是更加丰富的，因为在共情中，他们懂得体谅与悲悯，思考的疆域亦被拓宽。

在现实生活中，文艺感染力、沟通理解力、思考分析力都与疼痛共情紧密联系。而在适当的场合与时机产生合理的疼痛共情，并将其得体地表达出来，这将促进社交中人际关系的建立与加固。通过疼痛共情，我们或许能在主人公身上看到自己的影子，借此在私密的空间中宣泄自己无处释放的情感与压力，可以让生活更加轻盈自在；通过疼痛共情，我们也与生活中的文艺美建立了联系，让生活愈发丰富多彩。

面具下的情绪精灵

"疼痛"不难理解，我们每个人都经历过这样的感受，或生理上，或心理上。而疼痛往往能够稳定地引起共情反应，从而成为最常见的共情诱发场景。大量的影像学、生理医学研究表明，疼痛共情能力与我们的大脑共享表征脑区功能息息相关。生理上的"疼痛共情"具体表现为：当看到他人受到肉体的伤害与痛苦时，人们自己也会产生较为强烈的情感反应，或者说人们可以凭直觉感受到他人的生理疼痛。

　　因此，疼痛共情的产生主要来自两方面：一方面，疼痛共情的产生客观上有生理因素的作用，科学研究提出这其中的神经发挥着一定的作用，在主观层面上，当情绪的痛苦被理解或被认可，那么疼痛共情就可以被触发。另一方面，在心理上的"疼痛共情"主要表现为看到他人所经历的悲惨和不幸时，自己内心仿佛是亲身经历一般，会有感同身受的悲伤。就好比我们常常在看电影时被剧情打动而流泪。要特别注意的是心理上的"疼痛共情"与同情是不同的。同情仅仅是一种恻隐怜悯之心，产生同情的人未必能感知到与当事人几乎等同的痛苦，因为同情产生的条件是，知道当事人的处境是痛苦的并认为这是可理解的，但只有能够感同身受这种痛苦时，才能称这种情感为"疼痛共情"。

　　在现实生活中，"疼痛共情"的强弱主要取决于一个人共情能力的强弱。人们对自己种族或者文化背景下的经历更能产生共情能力。个人因素与文化背景两方面都解释了疼痛共情在具体表现时剧烈程度不同的原因。人类本身是渴望被理解、被共情的，而在适当社交时产生得体的共情情绪直接与一个人的情商能力有关。我们身边很多人难以体会文艺作品中人物的情绪，更不善于理解身边人所展现的疼痛情绪。过于低的共情能力会使人难以理解、体谅身边的人，最终导致人际关系出现裂痕，低共情也就成为这些人的一种社交障碍。

　　过分强大的共情能力其实也未必对人有益。一方面，时常出现的共情会招致情绪的持续波动，在一些场合之下，情绪的强烈波动往往会显得有失礼仪，让共情的一方和被共情的一方都十分尴尬，这也可能会成为一种社交障碍。另一方面，"痛苦共情"的频繁发生会导致共情者有着过于敏感而丰富的情绪波动，而不论是情绪的感知、情绪的表达还是情绪的压抑都需要耗费我们的能量，所以高共情的人其实容易感到焦虑与疲惫。

　　人的共情能力往往随着时间和状态的变化而波动。例如年轻人的共情能力更加敏感而强烈，人在晚上的情绪波动也更为感性，共情能力也更强。所以适当而得体的"疼痛共情"才是高情商者所具备的一种素养。他们可以准确地理解对方的痛点（pain point）所在，面对身边的亲友，他们可以给予恰当的安慰与帮助；而面对合作伙伴，他们则可以抓住对方的需求，实现合作中的双赢。尽管情商能力受到先天因素的影响较多，但是通过人为的训练也可提高自己对他人情感的敏感度，以此来提高共情能力也会是有效的。

情绪舒展

　　适度的疼痛共情能够增加我们内心的丰盈感受。通过疼痛共情我们可以在一个人的时候肆意地宣泄出自己的情绪，释放自己一直背负的压力和重担。这也是疼痛共情对情绪治疗的积极意义。但过强或过弱的疼痛共鸣都需要我们利用主观把控来进行自我调节。

　　如果缺乏疼痛共情的能力，一方面可以通过多经历、多感知的方式来增强自己的体验，比如多出去旅游，见识风土人情、感知人情世故；另一方面，可以向心理咨询师寻求指导，通过专业的情绪引导让人身处具体情境之中，来感受主人公的疼痛。但如果是疼痛共情过于强烈导致自己沉浸在悲痛之中难以自拔，甚至会导致我们患上 hyper-empathy 综合征（对他人的痛苦共情过度的病症），这时我们可以分为两种情境来应对，分别是真实情境产生的疼痛共情和虚拟情境产生的疼痛共情。

　　首先，对生活中发生的真实事件或者由真实事件改编的文艺作品而产生疼痛共情时，一方面，应当以此为契机去理解世界本不完美的真实面貌，这样也可以让我们更加积极地面对现实，接纳美好与伤悲的共存；另一方面，可以努力改变现实中的不幸，虽然个人的力量微小，但是人们汇聚起来的能量不容小觑。韩国电影《熔炉》使得民众产生了大规模的疼痛共情，通过付出共同的努力，《熔炉法》在韩国议会顺利通过。不幸的现状得以改变，人们的"疼痛共情"也才会有慰藉。

其次，对虚构的故事情境产生过度疼痛共情，难以走出悲伤时，可以通过转移注意力的方式来缓解。鲁迅先生曾说过："人类的悲欢并不相通。"这些虚构的痛苦说到底不是真实的，而是基于共情能力产生的，也就是说，这样感同身受的痛苦从未真实地发生在我们的身上。因此，我们可以通过看书、散步、看电视等方式将自己从疼痛共情中拽出来，进入另一种愉悦的情绪状态中。此外，对于虚构的文艺作品，我们如果仅仅沉浸在浮于表面的痛苦中，那也辜负了创作者的良苦用心，不如去思考创作者想借此痛苦表达传递些什么、让我们反思些什么。正如《看见》中陈虻对柴静说过的话："痛苦是财富，这话是扯淡。痛苦就是痛苦，对痛苦的思考才是财富。"这样的思考，也是让我们挣脱蒙昧的过程，会让我们的疼痛共情更有价值和意义。

情绪的侧画像

漆黑一片的影院放映厅里播映着《我不是药神》，已到最后结局部分，大家都似乎屏住了呼吸，放映厅里鸦雀无声。

程勇终于被抓，脸被警察按到了地上，但他一脸坦然安详。然而当他看到那些抱着药箱逃走的下线也被警察抓了回来的时候，他的情绪终于崩溃，因挣扎而变得扭曲的脸上写满了难过与不甘。

看着程勇被按在泥里的脸，晓琳一直在眼中闪烁着的泪珠终于滚落在她白皙的面颊上。

坐在旁边的薛鹏一脸不解，他的眼中闪过一丝的不耐。但他没有表现出来，虽然没有向其他男生一样搂一下自己的女友给予她安慰，但还是递上一张擦泪的纸巾。

电影散场，人们向出口走去。

晓琳依然沉浸在电影所带给她的悲伤中难以自拔，她神色郁郁，默默地擦着眼泪，步伐也走得慢了许多。

"最后是圆满的结局，所以不要难过啦。"薛鹏尽力地哄女友开心，尝试着和她聊起刚刚的电影。

晓琳闻言，抬头对男友怒目而视："刚刚在电影院里，你就一点都没有被打动！小黄毛意外的死，最后所有患者都来送程勇入狱，这些情节你一点都不觉得感动吗？"

薛鹏有点懵。他确实不太能体会女友的情绪，可能他们不是一类人。

对于人或事的情感上，他们仿佛站在峡谷的两侧悬崖上。晓琳总是更容易被打动，她也总能感受到人们细微的情感波动。他开始感到烦躁和愤怒，他不明白为什么晓琳会这么敏感，更不知道该如何安慰女友。他不禁有些烦躁，皱起了眉头。

不幸的人生各有各的悲苦，没有痛彻心扉的经历，很难共情。与其安慰，不如陪伴。墨西哥女画家弗里达·卡罗一生受尽身体伤害的折磨，似乎这样才能把一只被猎人所伤的小鹿画得惟妙惟肖。她6岁患小儿麻痹症，18岁经历一场车祸，脊椎被折成三段，颈椎碎裂，右腿严重骨折，一只脚也被压碎，一根金属扶手穿进她的腹部，一直穿透她的阴部，导致她丧失了生育能力，并一生都要与铭心的痛苦为伴。

《受伤的鹿》中，卡罗将自己的面部特征赋予了小鹿，疾病、外科手术的痛苦、情感的纠缠如同一支支铁头的箭射入身体。而她沉着镇定地展示着伤口，面容平静地忍耐着痛苦，没有一滴眼泪。

受伤的鹿（The Wounded Deer（Self-portrait ））

作者：弗里达·卡罗（Frida Kahlo, 1907—1954）
年代：1946 年
尺寸：22.4cm x 30cm
材质：木板油画
藏地：美国卡洛琳·法布收藏

● 12.2　厌倦·索然无味

开着电脑，看着手机，听着电视。

"姚总，在吗？今晚的聚餐您别忘了。6：30 在紫云轩，以公司名订的房间。"秘书小张的信息与其他报表、总结 PPT 一同陈列在电脑屏幕上。

姚畅淡然的眼神里没有一丝波澜，大黑框眼镜衬托着她毫无表情的小脸干净秀气。大中华地区的财务总监头衔似乎与这一切都不那么相符。

想到那些无趣的人、乏味的餐食、枯燥的交流穿插着世俗的话题，姚畅敲出一行字："我不参加了，陈总去就行。"

日子一天一天地过着，身边同样的人、每天同样的事，永远忙不完的差，没劲。

关闭对话窗口，她抬头，盯着墙上的钟，看着秒针嘀嘀嗒嗒地从表盘右上角的"2"走到左上角的"11"。她眯了眯眼，发现"12"那儿有个脏东西，于是她起身踮起脚，顺手抽了张面巾纸擦了擦钟盘。

眼神回到电脑里的 PPT 上，扫阅那些熟悉得不能再熟悉的文字和数字。

她似乎意识到自己无聊的情绪，但又似乎很享受这样的奢侈。在国外读书时无意选的"人类学"课程给商学院毕业的她提供了一个多维看世界和人生的视角，让她看到繁忙中的无聊和闲暇中的充实。

在人类历史的早期，当我们的祖先不得不花费大量时间去寻找食物、抵御危险、保护住所时，或许"无聊"这种感受就是一种奢侈，或许根本无法存在于生活的选择中。现代社会中也有相似之处，但只是更加复杂和多元，无聊和厌倦所带来的影响也是多种多样、有好有坏。

对于思想活跃，但读书不多、技能有限、对生活没什么要求、对人生的意义也没太琢磨明白的人，厌倦情绪或许会常常出现，并因无法正确识别和有效疏解，给人带来负面影响、触发愚蠢行为。对于奔波于生计的人来说，能用自己恰好的技能换取养家糊口，使把劲儿就能过上自认为幸福的小日子，那么就没什么太多无聊感受。对于生活富裕，知识储备和各方面能量都较高的人，无聊能被妥善对待，从而帮助他们舒缓一些压力，刺激新的思考，并通过新的关注点引发创造力。

简单来说，无聊的厌倦感是种心理体验，而每个人和每个人的感受都不一样。所以，无聊的人专心高兴地做着无聊的事，对这个人来说，也就不存在无聊。常常是那些想得太多，但能力、资源却都有限的人会被无聊缠身。相反，各方面条件优越且有积极自我意识的人，他们能很快识别无聊情绪，并进行调解，甚至转化为开拓新领域的起源。

面具下的情绪精灵

"厌倦"通常指的是一种令人不快的情绪状态，往往产生于情感或生活方面没有依赖和寄托的时候，个人对身边的人或事感到普遍缺乏兴趣。有学者认为这种情绪是一种与认知注意过程相关的情绪体验，也有学者从积极心理学的角度认为这是一种调节超出能力范畴技能的挑战的反应，就好像大多数人会觉得核物理无聊一样。

对事情产生厌倦的情绪大致分三类，即当被终止从事想做的事情时，当被迫使从事不想做的事情时，因各种原因无法持续做一件事情时，这些都与注意力相关。任何一组重复刺激的经验都可以建立人们的认知，而不断积累的体验也会降低对原有事件刺激效果的体验，导致从活动中获取越来越少的信息和新的刺激，令人因感到单调而产生精神疲劳，对任务细节缺乏兴趣，从而感到无聊。最终由于注意力的缺陷难以集中专注在某一事物上，所以无法长时间定下心来好好地思考并完成那一件事。

厌倦作为一种消极状态，往往反映在以下几个方面：首先，对时间缓慢的感知，也就是说人们在无聊时会觉得时间过得很慢，每分每秒似乎都很清楚。其次，无法摆脱不理想的现状的感觉，就好像青少年对自己想做的事情没有太多控制权的感觉。无法自我规划或没有自由，往往会导致某一事情做得多、某一事情做得少，而这中间的不平衡和多余的时间也容易引发无聊的感觉。除此之外，时间规划得不好有可能影响睡眠时间或吃饭时间，导致营养或睡眠不足，从而引发注意力不集中等让人感到无聊的因素。这些无聊的体验在主观上变得更加消极，并增加了寻求替代目标和体验的渴望。但当替代目标和体验的渴望无法达到满足或者超越时，人将会进入更加消极的状态。

从正面影响的角度，无聊可以是舒缓压力、放空思想、开拓创新的起始点。例如你可以将在交通阻塞时感到无聊当作思想随波逐流的空当。譬如在日复一日通勤上下班的路上，播放音乐，让自己沉浸在思绪、自我反省或白日梦之中倒也不失为一种放松的好办法。这种乏味对创造力有一定的好处，乐曲或电台的讨论或许会鼓舞思想，导致更多的联想和创造性思维方式。当人们从外部找不到刺激，就会从内部寻找，探索大脑中的不同位置，发挥想象力，尝试新的事物和创作。如果没有无聊的出现，人类可能不会达到现今的艺术和技术高度。

当一个人的技能与环境所提出的挑战水平相匹配，并包括明确的目标和即时反馈时则不容易有无聊的情绪。那些对新颖性、兴奋性和多样性有强烈需求的人处于无聊状态的风险更高。这些人常常会觉得世界转得太慢，需要外在的刺激以寻求新颖性和持有冒险精神的方式来自我治疗、治愈无聊。但如果只依靠外部刺激，而缺乏自我内心建设的情绪认知和管理，无聊感则无法散去，像永远填不满的黑洞。由于缺乏自我克制，以及内心向往的心态问题没有从内部（根源）解决，刺激感也将持续无法满足。

情绪舒展

当一个人无法说出具体的追求，往往意识不到自己的无聊，或者为什么无聊，也无法知道自己做什么可以缓解无趣感，不知道该寻找什么，缺乏与世界互动的能力。无聊感也是行动的催化剂，给人们提供思考和反思的机会。当我们对某项事物感到乏味时，往往会思索是否应该进行下去，是否值得进行下去。当然，仅是提供反思的机会和思考，是否继续从事某项事物与当初真实的兴趣十足和现在是否依然喜欢或许没有关系。

厌倦的情绪并不可怕，可怕的是日复一日的厌倦情绪让自己成为一个无趣的人。在当下快节奏的时代，人们常常会因工作、情感等问题出现压力，并滋生无聊的状态。即便是手头一堆事务，也会时不时地觉得提不起兴趣，不知道自己该做什么，从而产生孤独感和空虚感。这时，尽可能地不去较劲，寻找最好的解锁密码，一方面保持积极的心态，完成必要工作；另一方面尊重情绪，允许自己的顺其自然，给合理的"罪恶感"一点空间。

从心态情绪方面，尽可能地唤醒积极的情绪，无论是逛街购物、垂钓烹饪、运动看展、读书看戏都是干涉消极无聊的方法，同时还可以拓展自己的兴趣爱好。尽可能把无聊转换为积极能量，从放空中了解自己、尊重自己，去尝试做想做的事，去约想见的人，去触摸自己的灵魂。

科技网络的发达似乎让人更快地联系起来，让项目和事物更加高效，但不要忘了，科技创新的初衷都是服务人的，让人生更有意义、更有意思。可越来越多的人却被束缚起来，越来越会装：装得什么都懂、装得特别忙、装得一本正经、装得连自己都不认识自己。厌倦是一种很正常的情绪，但调节不好会引发孤独、闭塞、焦虑等多种负面情绪和影响，因此需要诚恳对待，适当寻求朋友的支持和帮助。言语表述方面，与其用"在吗？"去试探，不妨大胆地尝试："下午有空吗？一块儿打球去？"或"明晚一起吃饭吧？最近工作压力太大了，陪我聊会儿天。"如见不了面，也可以告诉朋友自己的情绪，寻求支持和帮助，如："这段时间总是觉得无聊呢！你有什么推荐的游戏（书、电影、生意……）？"当然，这里只是几个例句供参考，具体还需根据个人情况调整，注意礼貌，但重点是诚恳地寻求情感支撑！

情绪的侧画像

眼皮不争气地使劲往下垂，莫婉彤越是想睁开眼睛去听课，它们就越是沉重地往下闭。眼睛缝好像粘了强力胶一般，一不小心阖闭起来后就很难再睁开。

"喂！"就在她打算放弃挣扎，伸出手臂当作枕头倒头就要睡时……背后被戳了一下，随之传来小声的吆唤。

她回头，原来是廖轩。

"干吗？讨厌！"她翻了个白眼，小声吐了一句，回过头准备服从周公的召唤。

"喂！"廖轩又拿笔戳了她两下，嘘声叫唤着。

"干~嘛~无聊吧你！"婉彤无奈地回过头，用气小声冲他嚷了一句。

"超好笑。"廖轩指了指自己桌上的手机，又指了指婉彤桌上的手机，让她看。

看来他也很无聊，莫婉彤再次回头的过程中扫了一眼其他同学，似乎没几个在好好听课。哎~这课讲的……她开始有些心疼这位老师。

一个半小时了，老师一直没停，平缓的声音念着PPT上枯燥的理论，她真心支持不住了，觉得时间过得好慢。

她点了一下手机，看了看时间，还有一个小时才下课，仿佛还有半个世纪。

婉彤抬头瞟了一眼讲得嘴角都起白沫的老师，往桌上趴了下去。随手再次点了点手机，打开廖轩发来的信息。

西班牙超现实主义画家萨尔瓦多·达利，以袖珍面的技法，描绘了一个死寂般宁静的旷野。《记忆的永恒》中突出表现了像软饼似的三块钟表，分别搭在不可能出现的海边的枯树上、方台边沿上和一个长着长长睫毛紧闭眼睛、像鱼又像马的"四不像"怪物身上。远处平静的海、沉寂的沙滩、荒凉的海岸似乎都在暗示个人情感在物质世界挤压之下迸发出无法回避的力量。

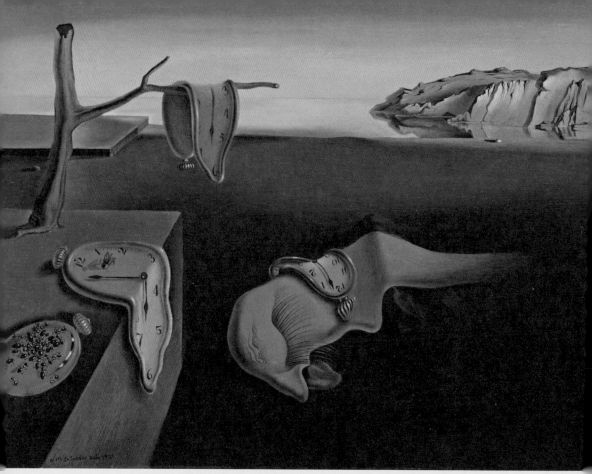

记忆的永恒（The Persistence of Memory）

作者：萨尔瓦多·达利（Salvador Dalí, 1904—1989）

年代：1931 年

尺寸：24.1cm x 33cm

材质：布面油画

藏地：美国纽约现代艺术博物馆

第四部分

双色情绪　伪装的精灵

闪烁其词

苍穹之下，万物有序，看似悠长的岁月，转瞬即逝。历史的沧桑巨变，无数人的来来回回，都如同水滴，滴入宇宙的长河里。在人的短短的一生中，不妨大胆一些，尊重自我、遵循真心，干脆利落地去爱一个人、去攀一座山、去追一个梦。

相对于其他或纯粹简单或霸道粗暴的情绪，"尴尬"和对食物的"渴求"情绪属于典型的憋屈型，一手好牌总能被打烂。这两种情绪本身中性、独立，没有任何问题，但往往因其主体内心的"弱小"和"怯懦"，从而导致在不同程度上被其他负面文化或消极情绪影响，最终摇摆不定、吞吞吐吐地顾左右而言他。就好像所谓的尴尬行为本身并不是问题，直到你去评判或批判它。对食物的渴求也一样，想吃一样东西并没有问题，直到你用它来抵抗、掩饰另一种负面情绪。

⊙ 13.1　尴尬·庸人自扰

8月的夏天，艳阳高照，19岁的董廷廷在青海的一家烤肉店吃饭，一面吃一面暗自陶醉："这儿的烤肉果然是又好吃又实惠。"这是他暑期支教期间的第一个休息日，头一次离家这么远，体会不同的文化和饮食。就在他快吃完的时候，突然流鼻血了！这也正常，西宁天干物燥，董廷廷这几天还总是在吃羊肉这种火气大的东西，自然容易流鼻血，于是他随手扯了一张纸揉成团塞住鼻孔。

很快，他发现这次鼻血似乎比往常流得严重了一点，得去洗手间处理处理，但却又不忍割舍桌上剩下的两串烤肉。毕竟是一个人吃饭，如果去洗手间回来，剩下的烤串可能被服务员当成剩菜收走，那就很可惜了。更重要的是，一会儿烤串凉了就不好吃了。于是他决定，坚持吃完烤串再去洗手间处理鼻血。

香！

然而这次鼻血实在是有点严重，纸团完全堵不住！董廷廷看着自己的鼻血慢慢浸透了纸团，就要流出来了。"要抓紧时间"，他这样想着，便开始大口猛吃！就在战斗即将结束的时候，他打算换掉鼻子里这个已经变成红色的纸团，可当他取下纸团的一瞬间，鼻血涌出来了……

烤肉摊上的这位食客独自坐在桌前，鼻子、嘴、下巴、衣服都沾满了血迹，嘴里却依然没有停止大口的咀嚼。随着邻桌食客的一声惊呼，整个饭店客人的目光都聚集在这个年轻人身上，隐约还有笑声和快门声传来，随后陷入一片可怕的寂静。

良久，一个中年大哥和董廷廷对视了一眼，他的眼神起初有些恐慌，随后

变成惊讶，最后他用崇敬的语气问："小兄弟，有这么好吃吗……"

尴尬的情绪在生活中随处可见，主要发生在人们在社交场合的一些行为被他人目击或揭露而感到难为情的时候。这种情绪发生在当事人身上，也常常会延伸到关注者身上，造成大家都"尴尬"的场面。就好像，当旁观者看到某人身上发生了使其感到尴尬的事情，并出于好奇心或下意识的关注笑出声来，往往会加剧当事人的尴尬程度。但如果当事人因不同观点等继续其"尴尬行为"，或因自己的情绪无法排解而产生不好的后果，旁观者则容易产生尴尬或其他负面情绪。

一直以来，大多数人会下意识地认为尴尬是一种负面情绪，对人有百害而无一利。可事实上尴尬在心理学上是一个中性情绪，它含有一定的消极因素，但同时也有积极成分的存在，如何把控完全看个人。

面具下的情绪精灵

尴尬是一种中性情绪，对人的影响也主要看个人的心态和价值观。对于视野和心胸相对狭隘消极的人来说，尴尬会因为被认定是个问题而成为消极情绪，带来负面影响；对于大方乐观、积极开朗的人来说，尴尬则常常会被一笑带过，并引导进一步的文化学习，从而带来正面影响。

尴尬情绪的产生主要有以下三个因素：首先是有悖于场合的行为，其次是引起他人的关注，最后是本人对这种关注的抗拒感。其中，个人心态因素至关重要，不同心理素质的人对同一个场合的感受不一样。因此，同样的场合、同样的行为、同样的关注度情况下，有的人恨不得找个地缝钻进去，有的人则是一笑而过。"心大"的人心理承受能力很强，遇到尴尬不会太放在心上，而是很快忘记或者满不在乎。可是心思细腻的人很可能会在接下来很长一段时间里过不去心里这道坎。同时，尴尬程度还与自身的地位、见识、修养等有关，综合素质更高的人会在大多数场合表现得更加得体，感到尴尬的次数会更少。

在不同的情境下，尴尬可能会衍生出其他的情绪。常见的衍生情绪有害羞和后悔。害羞主要来自外界和他人的关注，比如衣服扣扣错了，裤子拉链没拉好，或在图书馆或咖啡厅里突然大声打了个喷嚏，在众人目光的聚焦之下，我们在感到尴尬的同时也多半会为自己刚刚的行为感到不好意思。除了害羞，后悔的情绪也经常伴随着尴尬出现。尴尬的前提条件是"做错了事"，那么我们很容易在事后产生"哎呀，之前我要是多注意一点就好了啊""唉！当时我怎么这么笨啊"的想法。如果尴尬的感觉持续留在脑中无法排解的话，还可能会演化为痛苦，从而像狗皮膏药一样黏在脑海里，带来持续性的心理创伤，影响日常生活起居。

情绪舒展

尴尬情绪本身不是个问题，完全看你怎么去定义它。同一件事情对于不同的人、不同的视角和不同的心态下是不一样的，其感受到的尴尬程度也自然不同。如果长时间将自己困在尴尬的感觉当中无法自拔的话，我们会持续地受其困扰，日常生活会受到冲击，甚至身体健康也会被影响。长期处于"回顾尴尬"带来的负面情绪当中，甚至有可能产生抑郁的倾向。因此，为了避免尴尬的产生，要尽可能地学会在日常生活中更加注意自己的言行举止，让自己方方面面都得到提升或补全，从而提高自身的综合素质。在从容应对尴尬情绪的同时，我们的心理承受能力也得到训练和加强，这对日常生活中其他负面情绪的应对也有一定帮助。

当"尴尬"这个人们唯恐避之不及的情绪被层层剥开的时候，我们会惊奇地发现，其实这个在网络上被调侃为"社会性死亡之源"的词汇本身只是一种感受，和人世间的种种喜怒哀乐并没有本质上的区别。或许，在一些"尴尬"的时刻，也正是我们改变心态、探索新文化和观念的时候。我们在不断成长的过程中必然会经历一些尴尬，与其去懊悔，不如去体会学到了哪些新文化和新观念。当然，我们也要注意自己的言行，力求避免尴尬的发生，但是在尴尬变成既成事实之后也不必过多地纠结，坦然地告诉自己："不就一件小事嘛，以后注意。"或者大方地问自己："怎么挽回补救呢？"

尴尬，仅仅是一种个人情绪。或许在别人的世界里，你的尴尬并未重要到让他们记一辈子。因此，学会开导自己，学会更加从容、更加快乐。

情绪的侧画像

"半小时后开会，不要求视频，咱们音频即可。"随着"叮"的一声，躺在床上的孟岩迷迷糊糊地伸手从枕头底下摸出手机，点开屏幕。

"哎～"扫了一眼短信，看到同事发来的信息，她叹了口气。

白皙纤长的手指轻轻敲了一个回复："OK，多谢！"

她勉强把自己疲惫的身体从床上拖起来，揉着眼睛往卫生间走去，快速冲了个澡。

半个小时很快过去，她用白色浴巾包着头发，裹着舒适棉质的浴袍坐到梳妆台前，眯着600度近视的眼睛把电话竖起来靠在镜子上，点入网络会议。

"大家早上好，都到了吧～我们开始今天的会议，先由各大区销售主管说一下销售进度，大家有什么再补充……"地区经理总是保持着言简意赅的风格。

孟岩一边听着手机里的会议进程，一边抠着眼睛对着镜子戴上隐形眼镜，然后在脸上涂涂抹抹，爽肤水、润肤液、眼部精华、面部精华、眼霜、面霜……

"叮～"有信息进来。孟岩瞟了一眼手机，推了上去，想着过会儿再看。

"叮～"

"叮～叮～"

"叮～"

"谁呀？这么着急忙慌的。"孟岩妥协了，点开短信。而闪入眼帘的信息让她倒吸一口冷气，脸色苍白。

"亲，你怎么视频进会了？"

"孟岩，关视频！"

她匆忙看向手机，顿时无比清醒，故作镇定地一顿操作，切入音频，留下自己脑海一片空白。

出生于 1894 年的美国插画家诺曼·洛克威尔，一生创作不断，记录了 20 世纪美国的发展与变迁，也画了无数个坦然纯真的孩子。《带婴儿车的男孩》是洛克威尔的作品之一，并于 1916 年 5 月 20 日成为他的第一张邮政封面。

画中描绘了一个身着西装、打着领带、戴着帽子和手套的男孩推着婴儿车，与两个迎面而来同岁数的衣着球衣的小男孩擦肩而过。其中一个取下帽子打趣地向他行礼，西装男孩一脸尴尬，带着几分被愚弄的气愤模样，一副埋怨妈妈让他帮忙推妹妹的样子。

Norman
Rockwell

带婴儿车的男孩（Boy with Baby Carriage）

作者：诺曼·洛克威尔（Norman Rockwell, 1894—1978）

年代：1916 年

尺寸：47cm x 53cm

材质：布面油画

藏地：美国汉考克市诺曼·罗克韦尔博物馆

◎ 13.2　渴求·望梅止渴

在灯火阑珊的夜里，一个年轻女人踩着红色高跟鞋"嗒嗒嗒"地走向街边的一间小吃店。虽然夜已经深了，但夏季高温的余热似乎还在宣誓着季节的主权，这里的食客依然甚多，喝着啤酒，扯着闲天。身材窈窕的俪铭一进到这间小吃店便吸引了许多人的目光，但她似乎完全不感兴趣，面无表情地找了一个略微安静一点的角落坐了下来。

"老板，给我来一份麻辣凉粉，我要特辣、变态辣的那种。"她生无可恋地向吧台喊着。

"好嘞！马上来！"百忙之中的老板常勇回应着。

俪铭看向窗外蜿蜒的小街，有些失神。过了一会儿，她又看向穿梭在店里的人流，出出进进的怎么就等不到她点的那碗麻辣凉粉？！她时不时地触碰着手机屏幕，漫不经心地看向屏幕上所显示的时间。已经过去7分钟了，等不及了……

当老板将麻辣凉粉送上来时，发现原来是常客俪铭。"怎么了？你平常都喜欢点寿喜烧和清淡的菜品，怎么今天换口味了？"老板常勇跟俪铭是同乡，性格开朗，俪铭加班后常来这儿吃点东西，一来二去，也便多几分关心。

看到这红彤彤的凉粉，俪铭一把接过来，也没回话，拿起筷子便埋头大快朵颐了起来。

随着哧溜哧溜的声音，她大口地吃着。

"没事儿，你要有什么不开心的，不想说就先吃着。慢点哈，别呛着！那么辣，呛到可有得你受的。"老板贴心地说着。

"～嗯嗯……"

"老板，再来瓶烧酒！"俪铭哭丧着脸，也不知道是太郁闷了还是被这碗地狱凉粉给辣麻痹了。老板开了瓶酒给她送了过来。

一个小时转眼过去。

"呜～常……常哥，我……我……我一个大项目失败了，而且……而且还失……失恋了……"俪铭哽咽地说着，然后拿起筷子将那一条条入地狱一般鲜红的凉粉夹了起来，一个劲地往嘴里喂去。边吃边抽搐着，大串大串的眼泪不受控制地往下掉。原本那楚楚动人的脸蛋也被这一吸一吸、一把鼻涕一把泪给弄得面目全非。

"咕噜咕噜……啊……"仿佛在炎炎夏日饮了清凉的啤酒一般爽快，不同的是此时的俪铭已经痛得麻痹。舌头因为刚刚那碗凉粉早已没有感觉，喉咙也因那火辣辣的凉粉难受得如撕裂了一般，而口感粗烈的烧酒更是在她那已经灼烈的喉咙点了把火。就这样一杯接一杯、一口接一口地渴望着麻辣和烧酒一遍遍交错烫伤着她的喉咙，渴望着自我的身心麻痹，渴望着饮烧酒在麻辣凉粉后劲所产生的疼痛时来忘却失恋的心碎难熬……也让一旁观看的人瘗紧眉头。

渴望情绪泛指对某种食物的需求感觉，是反映人们一种内心状态的表现。这种情绪好像哈利·波特小说里的隐身斗篷，把人们一些深层次的情绪藏起来，往往藏得连他们自己都意识不到。就好像有的人有时会迫不及待地"想"吸烟、"馋"喝酒，越来越多的都市人对四川火锅、水煮鱼等麻辣食物"上瘾"。

当下的科技发展给人们带来了太多的便捷，但也伴随着令人窒息的压抑，世界瞬息万变，几个小时不查看信息就有种被抛弃的感觉，生怕一个不努力就被这个社会淘汰。父母、长辈和身边人的期望与寄许，还有各种社会角色的标准，让人们只能按照别人的想法去活着，甚至连有的梦都不敢做，生怕那波涛汹涌的愧疚感吞噬了这些年奋斗来的房子、车子、位子……这些不如意在无形中就变成一种让人们渴望某种食物的动力和支撑力，牵引着他们为了寻求安慰或其他精神上的支柱而涌出的冲动和欲望。

面具下的情绪精灵

每个人都会时不时地渴望某一食物和某一感觉，如心心念念渴望着能吃到这个或喝到那个，这些情绪有可能意味着更深的含义，而不仅仅是表面所看到的饿了、馋了。对食物的渴望情绪也有可能是人们其他欲望或情感的表现，而身体和大脑往往比较诚实，让我们下意识地通过有形的食物来得到暂时的满足。这样一种渴望并不是生理上所产生的，实则为结合心理上的某种因素而造成的渴望。一般情况，人们对食物的渴望情绪大致可分为三种：支持型渴望、分散型渴望和关联型渴望。

■　**支持型渴望**：是身体本能的渴望。为了增强抵抗力，或治愈、愈合的过程，满足营养需要或中和体内失衡的食物时所产生的有益渴望。例如，晕车时想要喝可乐等气泡饮料或者果汁，生病时想喝妈妈煲的汤，怀孕时想吃酸的，等等。这些渴望是个性化的，只是体验它们的个人所独有的，并且可能对大多数其他人毫无用处。最重要的是，这种身体渴望是因为身体或宝宝知道、需要。

■　**分散型渴望**：是一种会使身体消耗健康并减少我们精力的有害渴望。屈服于这种渴望的最终结果可能是沉重、失去活力和内疚。这种渴望很有可能就是过度压抑导致的。例如为了减肥而刻意避开肉食、淀粉和甜食，之后却因为环境的因素和诱惑借以心情不好的理由吃甜食来提升情绪，但事后又因在减肥而导致内疚感。分散型渴望也是身体扭曲的向往。人们渴望甜美的东西、美味的东西以及任何能激发和刺激感官来增强生活体验的生命，导致过量食用甜食、油炸物等所产生的反应让人体认为有害物质的过量摄入会有所帮助。这种渴望就像心在错误的地方寻找爱情一样，身体也可以。两者都很容易被感官上的刺激所吸引。

- **关联型渴望：** 是当我们回忆与过去有丰富、深刻而有意义的联系的食物时而发生的。例如一名中年妇女每次拜访年迈的母亲时都渴望吃意大利面和肉丸。如果没有看到母亲，她甚至都不会想到这些食物。但是，每当她的童年回忆被激发时，她都会解释说："感觉就像我的味蕾步入时光机。"这是心理上对此事物有一定的强烈记忆所产生的渴望，有可能是怀旧，有可能是寂寞，因此关联型渴望通常最难处理，因为我们不确定这种渴望是否有益。

对食物的"渴望"是人们时不时会产生的一个情绪，而触发这种情绪的往往是以下五个方面：暗示、期望、信仰、激励效应和情绪。第一个是暗示，就像被一个人或环境或过去的时光暗示一般。对于这种渴望情绪，都是在这些食物第一次击中记忆时形成的，这解释了为什么很多人对小时候的某种食物总是念念不忘。第二个是期望，环境提示可以引发强烈的期望。例如，当他们看到某人正在喝酒时，他们就会意识到自己有多喜欢喝酒，并渴望体验这些影响。第三个是信仰，即意识到某些东西的可得性跟某类食物有直接重要关系，如对于信仰健康并坚信喝豆浆延年益寿、美容养颜的人来说，往往看到豆浆就会有种渴望，无论是否需要。第四个是激励效应，即由于之前曾受某一刺激的影响，而使得之后对同一刺激的感知变得更容易产生渴望的情绪，并排挤所有相反的记忆，如自我控制不被奖励性刺激的目标。就好像一个人肚子疼，无意间喝了杯糖水，肚子不疼了，从此即对糖水有了更多的感知，且下次肚子疼也会想喝糖水，而不是检查导致肚子疼的原因。第五个是情绪，如压力、愤怒、寂寞、饥饿感，日常压力会削弱前额叶皮层、大脑的执行功能，包括注意力、计划和判断力。当人们失去反思能力，对食物的冲动和渴望则更能控制他们的行为，使他们在某些情况下无法抵制诱惑。有研究认为，对高脂肪和肉类食物的渴望意味着可能心里渴望填补空虚，因为这类食物有蛋白质、氨基酸，能够让能量细胞马上提升；对大量咸食的渴望，如咸酥鸡、薯片、卤味等咸的加工零食，代表着心里需要缓冲焦虑和压力；对香辣或麻辣食物的渴望则表示对兴奋和刺激的追逐；对甜食的强烈渴望，如蛋糕和巧克力等点心，则表示对快乐、安慰、爱和奖励的需求。

情绪舒展

对食物的渴望情绪好像是一个导游，它可能是在警告我们的身体对某营养缺失导致的渴望，血压低、情绪低，又或者示意着人所处的情绪状态，或无聊，或焦虑，或怀旧，或兴奋。因此不完全是坏的，也不表示你脆弱，而是引领着你去探索自己更深层的情绪。

对食物的渴望本身并不是坏事，但若因情绪作为触发点而导致暴饮暴食，或其他出发点引起的不健康饮食习惯，从而对身体造成伤害则需要重视和引导。简单来说，控制对食物的欲望，只要相对控制上面那五种触发器就会很有帮助。譬如，避免或远离让你产生"食物渴望"的人，不到必要时候不去美食广场，或尽量吃饱后去购物中心，从而减少购买食物的欲望和冲动。同时，可以通过看书来提升自我、增加内涵，从而分散注意力，减少孤独感导致的渴望。或者改变或坚持某一习惯来减少对某一食物的幻想和期望，并相信自己不会轻易被外界所影响；又或者利用充足的睡眠、规律的运动来缓解生活中产生的无形压力等。

同时，可以通过喝水（有时候饥饿跟干渴的感觉会混淆），多吃具有咀嚼感或满足感，但又不伤害身体健康的食物来消除任何突如其来的让你感到莫名其妙的"冲动"。例如坚果、水果等既健康又美味的食品可以用来增加满足感。因为食物本身的丰富和不断咀嚼的过程会使人的大脑产生一个一直在吃或者吃饱了的感觉，从而不会再释放出"craving"的感觉。

除了注意摄取什么东西，还要注意并规划饮食时段。该吃饭时就吃饭，不要到了饭点因为忙碌或者没有饥饿感等因素就不吃饭。这会使得荷尔蒙错乱，而增加饥饿感。当感到饿了或很饿很饿时才用餐，便会摄入更多食物，因为平常摄入的量已不能满足过了点而增加的饥饿感。因此，分辨真的饥饿还是饥渴的欲望也非常重要，在吃饭时要专心，并将注意力集中在吃饭这件事情上，让大脑意识到在吃饭，才可以更好地分辨吃的是什么和吃多少。

能有质量的人生短短几十年，不必刻意去克制所有身体和心理所渴望的需求，那样反而容易会带来压抑和抑郁，或是强烈的"反噬"。大可去满足一些对食物的合理渴望，即便会有一些"内疚感"也没什么，学会分辨深层次的需求，从中识别利弊，循序渐进培养健康的饮食习惯和生活方式就好。

情绪的侧画像

"就吃一口好了……"盯着眼前的提拉米苏，宋娅裴默默安慰着自己。

"没关系，吃吧！"旁边的林嫣已经用精致的银叉轻轻地切入蛋糕尾部，闭着眼睛，缓缓放入口中："嗯～好好吃哦！你快尝尝！"

娅裴翻了个白眼，防御力已经快被击垮。

"哎呀～要不要这么夸张？你真是，不说好一块儿控糖呢吗？吃牛排就吃牛排，点什么甜点嘛！一会儿还跳舞呢！"娅裴嘴上依然抗拒着，但心里已经到最后不堪一击的地步。

"行了，行了，这不都点了嘛，人生苦短～"林嫣一边说着一边将一口蛋糕送到娅裴的嘴边，"你瞧瞧你，1.65 米的个儿，不到 100 斤，吃一口不会死的啦！"

要命！一直对甜点感觉一般，可最近总是喜欢甜的食品。

　　刚刚吃了 200 克的牛排，撑到不行，可当林嫣说一块儿试试这家的提拉米苏时，娅裴感到自己的唾液腺都开始工作了。

　　看着精致的甜点盘，上面的可可粉清晰立体，淡淡的酒香幽幽传入娅裴的嗅觉神经。

　　"哎～好吧，就一口哦！"娅裴投降了，微微张开粉红的双唇，由林嫣将这折磨她好久的蛋糕放入嘴里。瞬间，她感受到马斯卡彭芝士、朗姆酒、可可粉在她口中溶化，一股甜蜜感也顺着味蕾唤醒着身体的各个神经，穿过心房又回到脸上。

　　"好吃吧？"林嫣笑着看着一脸享受的娅裴，"就是，别老想着那些烦事儿，你瞧你现在多好看！"

　　"好吃～！ 不扶墙就服你！"娅裴回味着嘴里的甜点，满眼笑意地看着好友。心里默默感恩，从大学到现在 20 年了，两人还能像当年一样。欣慰的同时，心里似乎更有力量。

　　美国知名画家伟恩·第伯的作品有着强烈的波普艺术风格，包括很粗的外轮廓线和完整的物品描绘。他的画作常常围绕大众文化中随处可见的主题，其中最出名的是系列的甜点作品，令人垂涎欲滴的同时与大众产生心灵感应。

切糕（Confections）

作者：伟恩·第伯（Wayne Thiebaud, 1920——）
年代：1962 年
尺寸：40.6cm x 50.8cm
材质：布面油画
藏地：美国旧金山现代艺术博物馆

第
14
章

天青与月白

　　情绪如同颜色，各有各的特点，各自独特。可总有那么几种颜色的品性婉丽、雅致得极为相似，让人傻傻分不清，如"天青色"和"月白色"。情绪中也有那么几种，如"困惑"和"怀旧"，让人彷徨，分不清到底是"赋能"还是"负能"。

　　在颜色里，天青色通常是一碧如洗的天空中那带着清新缥缈质感的绿意，似乎只有这样才能等来烟雨；而月白色往往是皎洁的明月下那略泛靛蓝的青色，好像如此才能衬托出广寒宫里的仙气。这两种颜色对于大部分人来说很难分清，或许完全看心境。

　　在情绪里，困惑陪伴人成长，从牙牙学语时的被告知自己是谁，到步履蹒跚时的问自己是谁，人们不断地遇见问题、解决问题。这其中所有的困惑情绪不一定都是麻烦，或许也是让人仰望星空、突破自我、思考万物本质的机会和动力。怀旧追随人的脚步，从孩童嘴里的"我小时候"到老翁脑海中的"我年少时"，人们都会时不时追忆过去的时光以及人和事。有的回忆轻轻牵动人们的嘴角，柔和面容，温暖内心；有的回忆则只能付之一笑，道一声不堪回首。这两种情绪对人的影响犹如天青和月白，很难下一个定论，至于到底是让人更加纯粹、智慧，还是颓废、消沉，或许完全看个人的态度和格局。

◉ 14.1　困惑·千头万绪

5 岁那年，他最喜欢围着厨房里的妈妈问东问西："妈妈，为什么水烧开了就会冒出白气呢？""为什么青色的大虾放在锅里就变红了呢？"妈妈总会一边有条不紊地准备晚餐，一边回答他小脑瓜里冒出的各种奇怪问题。碰上妈妈也不知道的事，他们就一起去卧室大书架上的书里找答案。那个夏天，他每晚都听着妈妈读的《十万个为什么》入眠。

25 岁那年，刚刚念完研究生的他站在人生的岔路口，父母在老家帮他找了份稳定体面的工作，要他赶紧放弃他的冷门专业回去上班；而另一边梦想学校刚刚给他发来了博士项目的录取通知。未来的路到底要怎么走呢？他给身边的朋友一个个打电话询问，把学校论坛里前辈们的经验帖翻了一遍又一遍。他失眠了几个晚上，依旧没想出答案。

50 岁，日复一日的办公室生活早已让他的身材发福，自己的职业生涯仿佛一眼可以望得到尽头，儿子到了叛逆的年纪，一回家就和他妈吵个不停。他越来越沉迷于晚上回家前在车里发呆的那 15 分钟，越来越不愿意面对每天无尽的琐事。他总是觉得自己这个年纪还可以再做点什么，可那个飘忽的目标总让他抓不住。他不禁开始问自己：这样复制粘贴般的生活，意义又在哪里呢？

65 岁，他退休在家带孙子，在连着被微信推销商骗了两次之后，儿子给他打电话再三嘱咐，以后再买什么大件，一定要先问问他。他有点心虚，自己也是念过不少书的人，怎么那么容易就给人唬住了呢？说到底，他觉得自己已经跟不上这代年轻人的想法了。他擦了擦眼镜，继续聚精会神地听孙子给他讲新上线 App 的用法，时不时还要问上两句。那一刻，他仿佛又回到那个听着《十万个为什么》入睡的夏天。

从出生后第一次睁开双眼打量这个世界开始，困惑情绪便开始与我们如影随形，并贯穿人生的各个阶段。《论语》中所说"三十而立，四十不惑"，并不意味着人过了 40 岁便不再会产生困惑了。事实上，困惑情绪时时而有，但那些早年被化解的困惑最终会沉淀成人生阅历，帮助我们构建自身的思考力、判断力和价值取向，让我们拥有面对困惑的武器，是谓"不惑"。

困惑是一种中性的情绪，你若温柔相待，给予理解和宽容，投喂善良和坦诚，它便给你力量，引领你学习探索，帮助你成长，获得智慧和从容。积极地面对困惑情绪，寻找困惑的根源和它背后的事实依据，可以进一步感受到好奇、兴趣等情绪，最终推动困惑的解决。人的心智正是在困惑的不断生成与化解中得以成长。而消极地逃避困惑，或是任由它侵蚀生活，人们可能最终会由困惑转为沮丧，因无法果断作出决策而在人生道路上踟蹰不前。因此，困惑情绪的影响是好是坏，关键在于你怎样去对待它。

也许一些本着"人生在于解决问题"和"一切重在结果"的人还会追问，合理地应对困惑会带我们走向一个怎样的结局呢？或许答案可以分两类：首先是可解决、可有结果的困惑。对于那些以事实判断为基础的困惑，当主观认知与客观事实达到一致时，困惑自然也就不复存在。无论是一道解不开的数学题或一篇看不懂的哲学论文，当投入足够的时间、精力、金钱、引导和外在帮助，从而获得了解并形成认知时，困惑则迎刃而解。其次是不可解决、没有结果的困惑。对于那些以世界观、价值观和人生观为基础的困惑，则更有可能止步于跟它的"和解"。作为宇宙中的微毫过客，人们或许并不能为所有问题找到一个标准答案，最多是依据自己的价值标准为它找到一条可解释的通路，从而使自己重新回归内心的安宁与平和。

面具下的情绪精灵

困惑，用以表示因认知过程中的不确定性而产生的情绪。心理学家通过实证研究发现，困惑情绪具有其特殊的内在状态与面部表情联系。当人们有困惑情绪时，往往会不自觉地眯起眼睛、压低并皱起眉毛，而这些无意的非言语信息都是在传递着寻求更多社会互动以化解困惑的信号。

困惑情绪产生于认知过程之中。如果把认知过程简单划分为信息获取、信息加工与认识产出这三个阶段，困惑也可依此界定出三种不同的类型。

- 由信息获取不充分产生的困惑。这种困惑在人的幼年时期和青年时期较为常见。例如，孩子会对烧水壶为什么会冒出白气、彩虹为什么有七种颜色等现象产生困惑，这正是由于他们还没有接触到阐释这些现象所必需的物理学知识。再如，大学生群体往往会对未来的职业选择和人生规划感到迷茫，这是源于他们对真正的职业生活缺少直接感受，对自己的兴趣所在也因此不甚明晰。在信息不充分的情况下，人们通常难以有效形成认识。

- 因信息加工过程失效产生的困惑。例如，在自媒体时代，不同媒体和个人根据自己掌握的部分信息，对同一事件作出众说纷纭的解读，从而造成"真相"的多次反转。面对来源复杂的信息，如果不能合理利用批判性思维对它们进行甄别与分析，也很难有效形成认识，从而形成困惑。

- 因新得到的认识与既往认知相矛盾而产生的困惑。1980 年《中国青年》杂志刊登了一封充满困惑的来信："人生的路呵，怎么越走越窄"，引发了一场全国范围的讨论。作者写道："我也常隐隐感到一种痛苦，这就是，我眼睛所看到的事实总是和头脑里所接受的教育形成尖锐的矛盾……我问自己，是相信书本还是相信眼睛，是相信师长还是相信自己呢？我很矛盾。"那个引发困惑的起点，正是在生活中所观察到的世界，与书本里或从学校了解的那个世界发生了激烈的冲突，这种冲突往往伴随着认知的混乱。

在当下高速发展的信息化社会里，由信息不足造成的第一种困惑似乎在慢慢减少，但以"信息过载"为诱因的后两种困惑可能会不断增加。一方面，信息技术手段的完善大大降低了信息发布、传播与接收的门槛，信息鸿沟在某种程度上被逐渐填补，无论是眼前复杂的数学题还是大洋彼岸的一处事件，都可以通过网络平台获取。另一方面，大量无效的信息充斥网络，极易引起因信息处理混乱而产生的困惑。也就是说，社会形态不断快速变化的同时，带动着文化与观念的变迁，从而造成更多基于价值观、世界观、人生观的困惑。例如，当下代际差异的跨度不断缩短，之前可能是说 60 后与 80 后有代沟，现在可能是 1999 年和 2001 年出生的人之间就有代沟，以及对彼此观念和行为的困惑。

情绪舒展

现代社会对人们自由发展理念的认可使得同代人的价值认同发生分异，各种文化群体不断涌现，形成社会价值的张力，从而造成因不同认知冲突产生的困惑也随之增加。正如前面所提到的，对待困惑情绪的方式不同，可能导致不同的结果。

妥善对待困惑情绪首先应当评估化解困惑的价值。并非所有的困惑都有在短时间内得到化解的可能，解决困惑的过程也往往伴随着巨大的成本。在某些情况下，我们虽然会产生困惑，但困惑的对象对我们的既定目标并无太大影响，这时或许应当学会及时清空自己，不必过度执着于困惑的化解，避免最终陷入消极心态之中。

对于一些通过化解困惑可以帮助个人成长并产生智慧推力的情况，则可以根据困惑的不同类型对其进一步加以甄别。因信息不充分产生的困惑，就可以通过持续地学习、向有类似经历的人请教来补足缺失信息，推动困惑的解决。因信息处理过程失效，或是认识矛盾而产生的困惑，则需要不断训练独立思考与批判性思维能力，面对不同的观点和信息，理性分析，去伪存真。

有的时候，困惑所指向的最终放下并不是唯一或"标准"答案，往往因个体的成长背景、思维方式、立场和观念而异。这类困惑的基础是一种价值判断而非事实判断，因此困惑是否被"真正化解"往往无法客观验证。对此，可能首先要保持一个开放性思维和求同存异的态度。也就是不去强行用自己持有的预设观点对他人进行评判，同时尝试根据自身的经历和立场，用已经形成的人生观与世界观构建起逻辑自洽且能够被自己认同的价值标准。这种价值标准并不存在最优解，需要做的尝试是将它应用于对不同社会现象的评价中去。一方面通过这样的不断验证加强自我认同，另一方面在验证过程中不断修缮价值观本身的逻辑纰漏。最终，这一价值得以成为困惑侵袭下可以坚守的心灵堡垒。堡垒之下，我们可以真诚、理性且感性地面对种种困惑，既不因与他人的观点不同而焦虑，又不被他人的观点所裹挟，从而达到一种自知而自信的状态。

情绪的侧画像

2020 年 6 月的最后一天，因新冠疫情一再推迟的纽约苏富比拍卖会终于以在网上直播的形式开展。拍卖官 Oliver Barker 对着 8 块屏幕阅读报价，客户全部通过电话竞投、网上及书面出价。李·克拉斯纳的《回声》以 903.43 万美元成为改成最高价拍出的艺术品。这幅作品完成于克拉斯纳艺术创作的巅峰期——1957 年，当时她的丈夫杰克逊·波洛克（Jackson Pollock）刚去世不久，《回声》则是当时那批作品中最好的之一。

克拉斯纳是一个思想独立的女人，但她的创作一直被丈夫的光辉所遮蔽，其原因之一是她和丈夫的画风极其相似。她 1908 年生于布鲁克林的一个移民家庭，就读美国国家设计学院，并在之后加入汉斯·霍夫曼美术学院。1945 年，克拉斯纳迎来了生活上的重大转折——嫁给杰克逊·波洛克，美国抽象表现主义绘画大师。波洛克的滴流画不仅是美国无拘无束的典型表现，更是现代绘画的一个经典。

　　作为画家的克拉斯纳在嫁给波洛克之后似乎逐渐消失在婚姻里，她从一个极有个性的女画家，逐渐扮演起了家庭主妇的角色，操持家务。人们也慢慢称呼她为波洛克夫人，而不像之前那般称其为克拉斯纳。

　　或许克拉斯纳也经历了漫长且痛苦的困惑，她似乎从不甘于只做波洛克的追随者。她一直在内心深处储备自己的力量，在寻求自己的路，并一直试图用自己的作品证明自己的存在和独立的身份及人格。

回声（Re-Echo）

作者：李·克拉斯纳（Lee Krasner, 1908—1984）

年代：1957 年

尺寸：149.9cm x 147.3cm

材质：布面油画

藏地：美国金妮·威廉姆斯收藏

◎ 14.2 怀旧·恍如隔世

当苏程敲完项目总结报告的最后一个字，黄昏的霞光刚好洒在书桌上。他合上电脑抬头看向窗外，晚高峰的车流无声地从眼前延伸到天边。他收回目光，金色的余晖从窗前蔓延向手边的白瓷杯，他拿起它喝掉了剩下的那一口茶。放下杯子的一瞬间，脑中忽然袭来一阵恍惚，被一种熟悉又陌生的情绪攫住，零零碎碎的记忆突然从心底涌起，声音、气味、光线、颜色，在半空中拼凑出一些往日的图景。心底有份念想，向往或是忧伤，但他又说不清。

他想起的是很多年前的那些相似的黄昏，少年一样的光线，悠长的下课铃音，奔向篮球场的轻快脚步，队友半张的嘴和额头亮闪闪的汗珠。他想起西操跑圈的女孩子和炫耀肌肉的体育生，旁边路上叮叮当当的自行车铃声。他想起夏日的暖风，吹过紫荆树梢的花叶，好像混杂着心里总是挂念着的那个她的淡淡香气，在吹过他的鼻尖时，他分不清那香气是紫荆花还是心里的悸动。一切都氤氲在黄昏的金色里，仿佛晚霞再也洗不掉这味道，和那些青春一起折叠好，存留在他的记忆里。

但是这个图景很快便模糊了，刚从记忆里散发出的气味和声音也戛然而止，苏程回过神来。眼前黄昏的光被落日带走，就像美好的时光总是囫囵而过。他摇了摇头，笑了笑，心想，从什么时候起我也开始怀旧了。

怀旧像是陈年美酒，每一滴都是由过往的刻骨铭心和漫不经心凝结而成。当它被动地被唤起，就像不经意碰开的水闸，往事哗啦啦地流出来湮没我们的思绪，给当下的脑海中开辟一条回溯来处的小径。当它被主动地唤醒，就好比放下肩头的繁重，义无反顾地漂洋过海，回到家乡暂居。在怀旧的情绪里，我们乘兴而往、尽兴而归，归来时心绪变换，对此刻的自己也有了些新的认识和思虑。

怀旧曾经一度被视为精神障碍或抑郁症的表现。随着学者对怀旧的解释从生理层面转向心理层面，它才作为一种复杂的情绪体验开始为人们所接受。怀旧是自我意识在情绪上的投射，是个体怀念过去时复杂的心理状态，或积极，或消极，抑或喜忧参半。怀旧不仅仅局限于老年群体中，也不仅仅是个体对过去事件的简单回忆，从某种程度上来说，它甚至超越了年龄的界限，超越了个体化的、情感性的心理范畴层面，成为一件社会化、全民性的集体事件和一个极其普遍的社会文化景观。

也许某天，你无端想起一个人，她曾让你对明天充满期许，她身上的味道你永远记得，但是却再也没有出现在你的明天里；也许某个黄昏，你无端想起一个地方，它曾令你担心、紧张，甚至害怕，但如今你无论如何也回不到那里。我们在怀旧中热泪盈眶，但也了悟如何去珍惜当下，坚定脚下的步伐。怀旧的心境犹如阳光投进湖里，温暖直达心扉，那些忧伤的蜻蜓，终会随时光飞远，不会久久沉溺，也不会久久羁绊，但嘴角一定会有微微上翘的弧线，一如黄昏下微风拂过后平添微澜的湖面。

面具下的情绪精灵

怀旧是自我意识在情绪上的投射，往往是个体在怀念过去时的复杂情绪状态。它无处不有、无时不在，生活中的一些细节往往会触发我们的怀旧之情。这种情绪可以是积极的，也可以是消极的，抑或是喜忧参半的。有的学者认为怀旧是对过去的向往，属于一种普遍的心理体验并贯穿人的一生，也是一种正向的情感体验，能够唤醒美好的情绪，如快乐、幸福、爱和温暖等。但也有学者认为怀旧是一种负性的情绪，认为人们在怀旧的时候，往往会因为涉及个人过去的悲伤和痛苦，留恋于美好的过往，而对现状感到无奈和悲伤。总的来说，学者们大多关注怀旧的积极特点，而对它消极的一面涉及少一些。因为怀旧涉及记忆，而记忆基本上是自我的同一性，在同一性形成的过程中，消极元素具有很强的被封存和被忽略的倾向。因此，怀旧作为一种正向体验，能对人们的生活起到一定的积极作用，可以维持与提升人类的身心健康，如提升积极自我评价、维持自我连续性、增强社会联结、提升存在意义感、增加目标追求动机及亲社会行为。同时，怀旧也有一定的消极作用，与一些疾病相连，容易诱发抑郁、疏离感等。

怀旧情绪的产生和具体引发因素，学界对此众说纷纭，总体来说可以分为三类，即感官植入视角、情感修复视角和人际交互视角。

■ **感官植入视角：** 当个体的嗅觉、听觉、视觉等感官受到外界刺激时，往往会触发其与过去有关的情感回忆。例如"普鲁斯特现象"，即个体在闻到某种童年时经常接触的气味时，会唤醒童年的往事等。国内学者李斌等的研究也指出除了客观刺激外，主观刺激（消极情绪、低温知觉）也能产生怀旧。相比于温暖环境，处于寒冷环境的被试者会更容易怀旧，怀旧能够提升个体的温暖感知和抗寒能力。感官植入视角为怀旧提供了生理线索，现实生活中人们也会"睹物思人，触景生情"，在外物的影响下，个体会以感官作为媒介被动地进行怀旧，体现了潜意识中与过去联结的倾向和意愿。

■ **情感修复视角：** 怀旧往往是一种对逝去岁月的向往和怀念，不过个人所向往的这种过去并非绝对客观，而是现在的情感对过去的投射。因此在这个过程中，人们常常会对过去进行重组和建构，一些消极的情感、记忆都被个体过滤剔除。所以一些研究者认为怀旧是由对现实的怀疑、不满、焦虑或者恐惧等负面情绪引发的，从进化的角度来看，趋利避害是人类的本能，回忆以往美好的经历对负面情感具有一定的修复补偿作用。有心理学家通过操控个体情绪的实验发现，高水平的负面情绪和孤独感更容易引发怀旧，而一些生活威胁如组织变革、拆迁、搬家等，也能引起人们的怀旧。基于情感修复视角，怀旧有时也是自发性保卫行为，可以作为一种情绪调节和管理的策略。

■ **人际交互视角：** 怀旧是个体与社会交互作用的结果，因为个体的独立特征和社会特征，人际交互中对于怀旧的话题和具体过往的人或事的提及也会触发怀旧情绪。有研究发现当个人面对具有共同时代背景的人的认知时，开放性更高，也更容易产生怀旧心理，从而说明人际交互所带来的支持感与归属感也是个体怀旧的成因之一。怀旧不仅是一种个体行为，也是一种群体事件，从人际交互的视角理解怀旧会丰富它的内涵，而从生理基础、情绪机制和社会属性三种视角去看待怀旧，则更有利于深度了解怀旧心理机制。

怀旧情绪可以纵向地从三个层面去分析，首先是简单怀旧，指的是个人对过去的一种简单回忆和认知，认为过去比现在美好，虽然意识到这是不可逆转的，但仍然单纯地思念过去的时光。这种渴望回归过去的情感倾向伴随着矛盾性的情感认知，往往略带失落和伤感。其次是反思怀旧，指的是个人对简单怀旧的主题和内容进行分析与思考，是个人当下自我意识的情感投射，它对简单怀旧的想法报以质疑和追问，因而带有更加复杂的情感和心理过程。最后是解释怀旧，指的是个人本身参与对怀旧的来源、特征、意义、重要性和心理目的的深入挖掘，它较反思怀旧的区别在于，前者分析过去的事件，而后者是对当下怀旧状态的元分析。怀旧的纵向划分聚焦于怀旧的内容及情感强度，客观性更强，适用性也更广。

情绪舒展

有人说，怀旧是因为对当下的生活境况感到无奈和失望，因而愿意走进回忆的避风港，躲避现实的冷风冷雨。也有人说，怀旧恰恰说明现在过得足够好，让我们有时间和心情去走进怀旧的小径，看看往日的喜悲与得失，重拾披荆斩棘的坚定与勇气。正是如此，怀旧既能够发挥正向的促进作用，也有可能带来负面的抑郁与疏离，这需要我们自己去调整、去把控。

怀旧在心理咨询中常常被当作一种重要的心理干预手段广泛运用，尤其在老年人抑郁症、社区"空巢"老人等研究中已取得一定的成效。通过回忆过去的具体事件、情感及想法，帮助人们增加幸福感、提高生活质量及对现有环境的适应能力。其形式主要是让人对过去事物再认知，如看老照片、听老歌曲等，通过与过去事件的联结鼓励谈论自己过往，维持自我关注并促进其自我反思。适当的怀旧可以帮助降低个体疏离与孤独感，增加愉快回忆、社会化、正向回馈，并对认知功能有所改善。

当需要唤起怀旧情绪时，在言语方面，可以尝试与亲朋好友回顾谈论过去，通过自我沟通与过去的自己产生联结。行为方面，可以尝试重归故地，重拾旧物，调动感官去重现体验。而当需要抑制怀旧情绪时，在言语方面，可以多与他人展望未来，尝试见新的人、做新的事。行为方面，可以制订多项长期计划和短期计划，丰富每一天的生活，充实每一刻的感受和其他积极情绪。

曾经再美不过一纸空谈，脚下艰难却是当下，直指明天。享受怀旧情绪，好的给你温暖，坏的给你教训，最差的也是让你探索自己的韧性和坚强。

情绪的侧画像

看着茶杯上方缓缓升起的热气，阵阵茉莉花香飘过王瑾乐高挺俏皮的鼻尖。

"好香！"瑾乐深吸一口气，抬起长长的睫毛望向窗外，仿佛看到高中毕业后的那个暑假，闻到第一次和姥姥出去喝茶的味道。

还记得那天挺热的，75岁的姥姥穿着旗袍，带着瑾乐去了一家茶楼，听着小曲喝着茶，不停地劝她吃小吃。最后对她嘱咐着说："出国读书安全第一啊，大学里学什么都一样，一定要注意安全，晚上不要随便出门乱跑。平时想吃什么就吃什么，没有卖的就给我打电话，阿婆给你寄过去……钱不够了也跟我说……"

"咯咯～您又知道国外大学里学的都一样？"瑾乐嗑着瓜子打趣道。

"听到了吗？"老太太翻了个白眼。

"哈哈，听到啦！"

瑾乐从小随父母在北京生活，爷爷奶奶也都是北京人，对她照顾有加。妈妈尽可能地趁暑期带瑾乐回苏州看望姥爷和姥姥。

每次去苏州瑾乐都很开心，姥姥就像一个优雅的老顽童，总是带她四处吃喝玩乐，看各式风景，体会各种别样生活。在瑾乐的印象中，姥姥一直爱美且懂得生活，命运待她不错，一辈子也没什么坎坷。

"囡囡，陪阿婆出去喝茶。"

"囡囡，阿婆带你去买衣裳好不好？"

"囡囡，今天我们去东边那家茶馆怎么样？……"

每当看到旗袍、闻到茶香、听到评弹……瑾乐的脑子里都会浮现出姥姥的样子，想起她到老都保持得好好的纤细体态、规整盘起的头发，还有那俏皮却满满慈祥的脸。每当想到这优雅的古灵精怪的老太太，瑾乐的心中都会充满力量。

或许老太太已经享受够人间苦乐，想换一个世界重新开始，因此瑾乐从去年 11 月开始，便在这个世界少了一个最亲、最好的朋友。

"这是今年刚下来的新茶，朋友特地从苏州送来的。你看这茶叶条索紧细匀整，色泽油润，茶汤清澈透明，叶底幼嫩……"好友一边续着茶一边念叨着，"唉～你妈妈是苏州人对吧？"

"是啊～我姥姥是苏州人。"瑾乐微微一笑，把自己从记忆中拉了回来。

《蒙特枫丹的回忆》是法国 19 世纪中期杰出的风景画家柯罗的代表作品。整幅画面融合了自然风景的关键元素，营造出完美和谐的图景：优雅的大树，枝丫微微向左倾斜；湖边的草地上，开满了各种各样漂亮的野花；波澜不惊的广阔的水面，一层薄雾朦朦胧胧，水边安静的人物形象沐浴在柔和的微光中。

就如人们往往会美化过去发生的一些场景，这幅对蒙特枫丹优美风景的回忆之作也展示了画家对过去的一份情感。整个画面清新、自然、典雅，富有韵律，洋溢着一种浓浓的抒情意味，犹如一首梦幻曲，使人产生无限遐想。

蒙特枫丹的回忆（Memory of Mortefontaine）

作者：柯罗（Jean Baptiste Camille Corot, 1796—1875）
年代：1864 年
尺寸：65cm x 89cm
材质：布面油画
藏地：法国巴黎卢浮宫博物馆

◉ 14.3　释然·海阔天空

手术室的红灯亮着，彭立伟的心在胸膛里像沸水一样地翻滚，脑子里嗡嗡地乱作一团，又仿佛一片空白。老婆怀孕8个月了，天天小心、小心加小心，可是今天晚上突然血压猛升，连坐都坐不起来，一送进医院就被推进了手术室。

手术室不让他进，立伟只能在门口干等着。他急得一脸油汗，好几次忍不住摸了摸兜里的烟，但是又不能抽，悻悻放回去心里更躁了。老婆的身体一直不好，这血压这么高可怎么办？还能不能生孩子？这妈妈身体不稳定对孩子有没有影响？会不会早产？生的时候会不会出事？有什么后遗症？各种不安的念头在立伟的脑子里上蹿下跳，他只恨自己进不去，盼着赶紧出来个大夫告诉他是什么情况。

仿佛老天爷听见了，护士打开门探出了个头："家属？"

他噌一下站起来："哎，这呢！大夫现在情况怎么样？"

护士招手，示意他过来把一叠纸拿走："去把费交了，然后把这个表填了；大夫正在里面救人呢，别着急！"

立伟心里更不爽了，心想我能不急么？但是想着人家说得也在理，何况老婆孩子都在台上躺着呢，于是脸上还是保持一副客客气气的神态，伸手把交费单子都接走了。

往收费处走这一路，他瞧谁都不顺眼：医院的地可真脏。这大爷怎么冲着人就咳嗽？大半夜的这不懂事的小孩也不睡，扯着嗓子哭什么劲？电梯也太慢了，还层层都停，一停一颤当。到窗口排队等的时候，无名的火已经快要到沸点了。终于轮到他，收银员接过单子，敲了敲电脑："怎么支付？"

他把卡递过去，输了密码。收银员把收据和凭条塞回来，他急慌慌地回头就走了，结果听见人家在后面喊："卡没拿呢！"立伟又匆匆掉头去接卡，不小心挤了一下正在窗口前的下一位，那女人嘟嘟嚷嚷地说了一句："挤什么呀！没素质。"

这时的他只感觉自己脑子里绷着的那根弦噌一下就断了，一肚子杂七杂八的烦闷全都冲出来，他两眼通红，指着那人就骂："挤的就是你这不懂事的东西！"周围的人都愣了，大家不懂这人怎么因这点小事就发这么大脾气。这一吼更是把自己也气着了，电梯又半天不到，心里一横，爬楼去了。

把收据交给护士，立伟凭着自己所剩无几的理智填完了表。又坐下等待的时候，他眼前却是挥之不去的"高危因素""并发症""可能会出现死亡等严重后果"等字眼，他又难以控制地焦虑起来："一会儿大夫要问我'保大人还是保孩子'得怎么答？当然是得保大人了，这孩子不能没妈啊。可孩子要真没了，我老婆得伤心死吧，她这8个月的罪白受了……"越想越绝望。

突然"手术中"的灯灭了，彭立伟猛然从胡思乱想里挣脱出来，两只眼睛紧紧地盯着大夫的脸。大夫开口了："现在已经没有生命危险了，大人孩子都比较稳定。"

他连忙问："那之后孩子还会有问题么？大人不会有啥后遗症吧？"

大夫说："留院观察吧，好好注意调养，大人小孩都应该没事。最后这个月……"

后面的话立伟听着，脑子在认真记，眼睛却感觉周围仿佛有烟花一样亮亮的。本来汗津津的衣服贴在身上透不过气，此刻却轻盈如纱，好像能带着他飞起来。

跟着老婆的床往留观室走的时候，他看什么什么好：医院的灯光似乎比刚才更亮了，保洁员大姐半夜还在擦地，真不容易，怪不得这么干净！那个哭闹的小孩安静下来，这大眼睛可真漂亮！电梯还挺宽敞，仨大人一个床都装下了。哟，这不是刚才被我骂的那女同志，人家半夜三更来看病也不容易，一会儿我得去道个歉！

握着老婆的手，刚才一切的担忧、紧张、烦躁都释然了。

生活中的许多瞬间，我们都会感到"松了一口气"的释然，这种情绪就像是雨后的彩虹，让人感到"山重水复疑无路，柳暗花明又一村"的畅快和愉悦。释然看似短暂轻松，却必然伴有参差起伏，它总在负面情绪之后姗姗来迟。人们常常怨它为何不早点出现，让我们更早从烦忧中解脱，但如果没有"先抑后扬"，释然的轻松和喜悦就只是平静或麻木。就好像"久在樊笼里，复得返自然"的惬意只有乘风破浪后才能体会，而"醉里吴音相媚好，白发谁家翁媪"也只有半生流离后才会显得珍贵。

释然爱和人们玩"捉迷藏"，处于高压状态的人们往往迫切需要释然来调整心情，让生活张弛有度，但越着急越找不着。或许释然这种情绪太调皮，常常隐身在某一个角落，你越惶恐慌张越看不见，但只要你有耐心，愿意去寻找，终将会在转角处与它相遇。

面具下的情绪精灵

释然通常指的是从一种强烈的情绪中解脱出来，或是避免了某种不良后果后产生的情绪，之前往往伴有紧张、焦灼。根据初始情绪的不同，它也可以被描述为解脱、惊喜、侥幸等，从而造成这种情绪的多面性。例如，当初始情绪是愤怒或悲伤，释然往往是失望；当初始情绪是着迷或兴奋，释然通常是希望。因此，直观上，释然是积极的情绪，因为紧张让人很难受。但也正是因释然情绪里有着与紧张、彷徨的对比和转换，从而形成这种情绪作用的复杂性。

如果没有紧张、焦灼和彷徨在前面作为对比，释然情绪就不会形成，即便是同样的状态或愉悦级别，人们也不会有那种雀跃的情绪。根据释然的获得过程，这种情绪可以被分为两大类：一是自我释然，即自我努力之后得到的释然，属于内在调节；二是外界释然，即由外界因素造成的释然，属于外在调节。根据获得过程以及前置负面情绪的强度的不同，释然所伴随的轻松、愉悦感可能或深或浅，对情绪健康的作用也具有两面性。

■ **自我释然：** 很多情况下释然是通过个人努力达成的，它通常伴有成就感、自信心提升。这种释然有助于提高在未来的生活、工作中对于负面情绪（压力、焦虑、紧张）的承受力。除了享受此刻的喜悦，这种情绪转换过程有利于提升对自己能力的认识，也能在一定程度上减少绝望、极度焦虑的可能性。长此以往，这种循环可以帮助我们提高整体情绪控制能力，有助于情绪健康。

■ **外界释然：** 也有不少的释然是由外界因素带来的，而这包含两种转换：第一种是"外界—外界"转换，即从外界因素导致的负面情绪中被外界因素解脱出来。这种释然会伴有感恩、幸运或"回归正轨"的情绪。例如疫情缓解后从闭门不出回到正常的生活状态，或是当生病的家人转危为安。从被外界偶然因素所导致的不良生活状态中恢复正轨时，我们会感到负担和烦恼减轻，也能认识到"日常"不应被视作理所当然，更会抱有感恩之心来面对生活，得到更强的情绪满足感。第二种是"自我-外界"转换，即从自我导致的负面情绪中被外界因素解脱出来。这种释然可能会导致两种相反的副产物情绪：一种是危机之后"吃一堑，长一智"的自省情绪，它有助于规避再次发生由于自身行为不当，而陷入负面情绪的情况。另一种是侥幸心理，由于一次的幸运"逃脱"，从而不再刻意控制行为来规避负面情绪。这其中的区别在于个体选择。例如，工作展示准备并不充分导致上台前的焦虑和紧张，但由于同事、领导没有发现疏漏之处而感到释然之后，有些人会觉得"太悬了"，选择在下一次认真准备，避免自己再次陷入忐忑和可能的尴尬，但有些人会认为原来自己的准备已经足够了，从而放松自我要求，更有可能重蹈覆辙。

释然承担转换压抑情绪的过程，起到平衡和调节的作用。长期的兴奋会让人麻木，过度的悲伤会使人进入自我放弃的状态，而当长时间焦虑得不到缓解时往往会出现病理化，患上抑郁症等疾病。释然情绪的过程有时不能仅凭个人完成，不同的触发事件和初始情绪的刺激带来的释然会掺杂其他各异的情绪。

情绪舒展

释然通常帮助人们赶走压抑感，驱散一些负面情绪，从而把判断力和意志力都拉回到正常水平。因此在释然过后，可以适当分析自己的情绪转换过程和前后状态，如：为何会陷入负面情绪？为何会感到释然？哪些要归因于外界因素？哪些是自我控制的成就？在释然之后主动选择反省，厘清自己的积极行为，可以帮助人们通过"行为—情绪"的影响途径尽可能规避下一次的负面情绪出现，或是至少打好"预防针"。

对于释然情绪，我们要采取享受而不沉溺的态度。当你感到释然，首先要恭喜自己从压抑状态中解脱出来，放松心情，享受此刻的美好。但是也要合理控制自己情绪的转换幅度，过山车一样的忽起忽落往往并不好受。如果释然后感到过分轻松甚至是惫懒，就要打起精神，认真为自己规划下一步的目标：有没有工作、学习的下一个阶段性任务要准备？有没有需要沉下心来读的好书？是否可以腾出时间来锻炼身体了？每个人总有一些事情可以变得更好。如果感到极度的喜悦，也要提醒自己不能飘飘然，要持续用心对待日常生活细节。不以物喜，不以己悲，稳定的情绪会让我们成为更强大的人。

当下的释然是拆开包装的礼物，每个人都能够直接享受它带来的快乐和满足，但展望规划和回首自省却是只有"高阶玩家"才会掌握的打开方式。

情绪的侧画像

琼·米切尔的绘画关乎她的感觉，是她对外界、对风景的直观情绪感受。浓厚或清透的笔触，严谨有序或混乱率性的构图，明亮协调或阴暗对比的色调，每一笔都充满力量，毫不模棱两可。换句通俗的话说，她的作品给人满满的"爱谁谁，爱咋咋地"的释然感。

1925 年出生于美国芝加哥的米切尔家庭环境优渥，父亲是名医生，也是一位业余画家，母亲是位诗人，曾担任文学期刊的编辑。或许因为父亲太期待一个男孩了，因此对她的要求非常苛刻，让她在情感上饱受创伤，并经历着长期的精神挫折。面对一切，她选择了坚强地面对，并锻炼了自己异于常人的刚烈性格，而这些都可以在她充满活力的笔触和大胆地用色的作品中看到。尽管她所处的时代对女性艺术家的成就并不友好，但这位既抽烟又喝酒还特别能骂人的画家仍然凭借独特的艺术风格和令人印象深刻的作风一路披荆斩棘，在男人统治的美国抽象表现主义中站稳一席之地。

在米切尔的创作中，没有跌宕起伏的风格变化，始终保持着她的内在情绪和情感。外界的一切，从音乐到诗歌，风景到人物，真实到想象，似乎都能给她灵感和启发，并创作出触人心魂的作品。这些作品陆续在纽约佳士得和苏富比拍卖行得到追捧，每幅画的开价也都在千万美元以上。

米切尔忠于抽象的表现主义信仰，忠于自己。她尊重许多过去伟大的风景画家和经典传统作品，并创作出《No Birds》《你好，Tom》等画作向凡·高、莫奈、特纳等大师致敬，但从不刻意去模仿。敏感的情绪让她不断地受新环境启发，在生活中发现新的事物，汲取灵感，丰厚自己的羽翼从而形成独特的风格。释然的情绪让人拥有更充实的自己，并活出真实，释放饱满情绪能量的同时，也让自己的灵魂更加浑厚坚实。正如米切尔曾描述的那样："我宁愿把自然留给自己……我更想画出它留给我的东西。"

无题（Untitled）

作者：琼·米切尔（Joan Mitchell, 1925—1992）

年代：1960 年

尺寸：248.9cm x 203.8cm

材质：布面油画

藏地：瑞士苏黎世豪瑟 & 沃斯收藏

第
15
章

情绪的千姿万态

　　情绪像一只灵兽，形态万千，变幻莫测，与我们的一生相伴相随。它有无穷的能量和无数种操控方式，或充盈人的生命让人体会浩瀚宇宙的神奇与美好，或吞噬人的身心让人从此坠落万劫不复的痛苦深渊。因此，与其说去管控情绪，与其斗争，倒不如与其讲和，相依相伴、和睦相处。尊重情绪，也是尊重自己、尊重这个世界。

⦿ 情绪的叠加

　　在当下纷繁的社会中，简单纯粹的情绪也常常多重叠加，从而变得复杂，难以捉摸。如果把情绪的模样简单分为积极、中性和消极，那么至少呈现 7 种性质的组合，即积极＋积极，积极＋中性，积极＋消极，中性＋消极，中性＋

中性，消极 + 消极，积极 + 中性 + 消极。当我们至少有 27 种常见的细分情绪时，那么这些情绪的组合则达到成千上万，甚至上亿种形式。

与情绪讲和的过程说简单也复杂，因为这是一个因人、因时、因地而存在变化的动态机制。说简单，是因为个人的身心感受往往给予直接真诚的反馈，说白了，是否开心、是否痛快、是否享受，只要自己对自己真诚便有一个直接的答案。说复杂，是因为生活在纷繁社会中的我们，个人的感知不断与教育背景、经济基础、文化积累碰撞，同时还交织着多元的社会文化、大大小小的规则，以及很多不可控的外界因素。

当积极情绪互相碰撞时，如当快乐遇见钦佩，甚至可以再叠加满足和审美欣赏，人的每个细胞都会有如沐春风的丰盈感，充满力量。金榜题名时的兴奋和快乐，洞房花烛夜的浪漫和性欲，他乡遇故知的惊喜和满足，平凡中的逗乐、兴趣和着迷，旅行中的惊叹和钦佩都是无限的能量。在确认是正面积极情绪后，尝试去记住这些触发点，也就是引发这些积极情绪的人或事，并学会如何去唤醒这些积极情绪来给自己充电。当然现实生活中不会有这么多金榜题名时，但总会有一些小的成功点，如工作被认可、申请报告获批准，都是一个道理。因此，坦诚地去交流、认真地去思考、努力地去工作、大胆地去邀约、真诚地去生活。不必去斤斤计较得失，在掐头去尾的短短几十年人生里，很多东西都是算不清的，就好像天气预报再准也说不清哪块云彩什么时候下什么雨。

当多种负面情绪汹涌地扑向一个人的时候，用烈火焚心的炼狱来形容这种感受一点也不为过，只有真正体验过才知道这种情绪的凶残和猛烈。当一个人在极度焦虑的人生阶段遇上被触发的悲伤和悠悠愤怒，同时还背负着内心深处的害怕失去和恐惧，或许生命对此时的他而言也就无所谓了。如果两三倍的积极情绪可以帮助撬动舒缓负面状态，那么对于凶猛的多重叠加消极情绪则需要更为专业的且多方面的调解，包括家人朋友的理解支持、心理引导以及药物等配合，当然，最重要的是个人的情绪意识和积极配合的态度。

当积极情绪、消极情绪和中性情绪同时存在的时候，我们大可见怪不怪，与它来场稳赢的赛事，当然也不可轻敌。积极＋消极＋中性是一种常见的情绪组合，但也比较容易调节，即充分唤醒积极情绪的能量，启动中性情绪中正面的能量，理性接受消极情绪的诉求，然后再引入 1 ～ 2 个积极情绪，从而调整自己，向赛点出发。在生活中，人们容易因他人的巨大成就产生惊叹（积极情绪），同时怀念自己曾经的辉煌（中性情绪），并伴有对未来发展的焦虑（消极情绪）；或因遇见一个充满魅力和吸引力的人或事而产生兴趣或倾慕（积极情绪），同时因不了解和不确定而困惑（中性情绪），并伴有担心做不好而失去的害怕（消极情绪）。这些时候都可以尝试把每一情绪单拎出来，梳理清楚，理智面对消极情绪的深层需求和感受，再从容地去拓展积极情绪。例如，与其去与未知的焦虑和可能失去的害怕较劲，不如多问自己几个"那又如何？又能怎样？"然后撬动困惑中的求知和怀旧中的自信，并在此基础上去找寻惊叹他人成就和倾慕他人美好身后的自我进步方法，最后再通过听场相声、看场综艺节目或和朋友开几个玩笑来引入些逗乐。猛然回首的灯火阑珊处也就如此了。

面对当下多元快速发展的社会，我们容易被时代的潮流带快节奏，从而打乱思绪、灵魂和身体的步伐。想活个大概明白的人只能在大势所趋的龙卷风中尽可能地抓住可以停留依存的东西。或许，识别一些常见情绪是一个突围的神来之手。在唤醒生命灵性的同时，饱满地去生活、去体验，而不是麻木不仁地虚度时光等着下葬。在清楚来龙去脉的同时，真正地认识自己，尝试对自己温和一点，对他人大度一点，对世界也好一点。人生在世，既来之则安之。学会对自己平时的情绪状态有个意识，无论是平静还是兴奋，快乐还是愤怒，尝试去了解到底是什么深层感受，这些情绪来自哪里？身体还是心理？丰盈你还是消耗你？最后可否与之讲和。即便不确定，这个过程本身也是一种调节，我思故我在。如果还不能妥协或继续纠结，或许是到了该读万卷书行万里路的时候了。

"从前我只是把这 27 种情绪狼吞虎咽进去，直到我一一细品，才发现它们碰撞后所调出的深刻味道竟然如此丰富奥妙！"

李昀洁

"认识情绪是认识自己的开始，接纳情绪是接纳自己的必经。悄悄地，每当凶猛的情绪被识别后，仿佛被打回了原形，小声地慢慢退了潮。"

熊立铭

"感谢这个探索情绪的夏天，它让我比人生前 20 年的任何一刻都更加了解自己。"

李伊冉

"经过几周的精神碰撞和启发，我发现，即便是理科钢铁侠一样的我，也有一颗细腻轻盈、感知丰沛的心！"

宋柳狄

"在这个最煎熬的夏季，幸得大家伴我走过这温情满满的心灵旅程。"

王振权

"情绪是人类独特的超能力，在这个夏天，我学会了挥舞这只魔法棒。"

周子惟

"情绪互相独立又相生相伴，在探索这奥妙旅程的途中只有不断体会自己才能更好地把握内心所向。"

杨沄轩

"经历短短两个月的情绪识别旅程，我成为更快乐的人。"

曹文浩

"只有感受过情绪的温柔，并体验过它的凶残，我才发现它如此多变。"

刘展眉

"心理学不是算命，而是值得不断思考和探索的学科。情绪不是魔鬼，而是需要抚慰的精灵。"

张文虎

"原来，每一个情感小波动的背后都大有玄机，而每一个玄机后又有别样的天空。"

董浩廷